劳动者之歌

中交集团劳动模范风采

《劳动者之歌》编委会◎编

中国经济出版社
CHINA ECONOMIC PUBLISHING HOUSE
·北京·

图书在版编目（CIP）数据

劳动者之歌 /《劳动者之歌》编委会编 . -- 北京：中国经济出版社，2022. 12

ISBN 978-7-5136-7152-1

Ⅰ. ①劳… Ⅱ. ①劳… Ⅲ. ①交通运输建设 - 先进工作者 - 先进事迹 - 中国 -2020 Ⅳ . ①K826.16

中国版本图书馆 CIP 数据核字（2022）第 205946 号

选题策划 汪 京 陈利军
责任编辑 彭 欣
责任印制 马小宾
封面设计 任燕飞

出版发行 中国经济出版社
印 刷 者 北京富泰印刷有限责任公司
经 销 者 各地新华书店
开　　本 710mm × 1000mm 1/16
印　　张 21.5
字　　数 319千字
版　　次 2022年12月第1版
印　　次 2022年12月第1版
定　　价 80.00元
广告经营许可证 京西工商广字第8179号

中国经济出版社 **网址** www.economyph. com **社址** 北京市东城区安定门外大街58号 **邮编** 100011
本版图书如存在印装质量问题，请与本社销售中心联系调换（联系电话：010-57512564）

编 委 会

浚洋 1
JUN YANG 1

前言

习近平总书记在党的二十大报告中指出，新时代的伟大成就是党和人民一道拼出来、干出来、奋斗出来的！在中国奋进的脚步里，劳动和奋斗是最强劲的脉动，是一切幸福的源泉。铁人王进喜、大国工匠管延安……一个个响亮的名字，闪耀的是熠熠生辉的劳模精神；大庆油田、港珠澳大桥……一个个光辉的坐标，凝结的是无数人的奋斗情怀。

劳动模范是我们心中最美的劳动者，劳模精神更是伟大时代精神的生动体现。多年来，中交集团全体干部职工在习近平新时代中国特色社会主义思想的指引下，牢牢把握为实现中华民族伟大复兴的中国梦而奋斗的时代主题，深入践行“三重两大两优”和“三核五商”新中交战略部署，在城市乡村、高原荒漠、远海孤岛、“一带一路”主战场，擦亮了中国路、中国桥、中国港、中国城的中国名片，用汗水、勇气、智慧和力量书写了同党和国家命脉相连、与民族复兴交融共进的奋斗史诗，充分彰显了新时代中交建设者的主人翁姿态和主力军风采。

每一位劳动模范都是一面旗帜，指引着亿万劳动者前行的方向。中交集团各级劳动模范是十多万中交建设者中的典型代表，是名副其实的“中交英雄”。他们舍“小我”而为“大我”的境界，于“平凡”处见“非凡”的执着，用“恒心”铸就“创新”的胆魄，都值得所有建设者学习。为礼赞劳动、致敬奋斗，共同唱响新时代的劳动者之歌，特将2020年受表彰的7名全国劳动模范和中交集团第二届53名劳动模范的先进事迹编撰成书，送到各单位基层一线，摆上职工的书架案头，让身边的劳动模范成为企业的明星和学习的榜样。

党的二十大擘画未来发展蓝图，中国已经开启全面建设社会主义现代化国家新征程。要实现新的奋斗目标，仍然要紧紧依靠工人阶级和广大劳动群众，劳动模范也需要在新时代发挥更重要的作用。在打造具有全球竞争力的“科技型、管理型、质量型”世界一流企业进程中，中交集团各级劳动模范要继承和发扬“劳模精神、劳动精神、工匠精神”，立足本职岗位，焕发劳动热情，真抓实干、艰苦奋斗、担当有为、无私奉献，用干劲、闯劲、钻劲，鼓舞和引领更多的中交人为推动企业高质量发展再创佳绩、再立新功。全体干部职工要在劳模精神指引下，牢记空谈误国、实干兴邦，同心同德、埋头苦干，以更加坚定的必胜信念、更加昂扬的奋斗精神、更加强大的前进动力，用美好劳动开创中交更美好的明天，为全面推进中华民族伟大复兴做出新的更大贡献！

中交集团党委书记、董事长

中交集团党委副书记、总经理

目录

01 全国劳动模范（2020年）

02 中交集团劳动模范（2022年）

坚守奉献

科研攻关

管理创新

开拓进取

最美工匠

01

全国劳动模范（2020年）

崔　冰

中共党员

教授级高级工程师

他三十年如一日，始终坚守在桥梁设计一线，日夜笃行于科技创新前沿，南京二桥、南京三桥、南京四桥、望东大桥、秀山大桥、南京五桥……他带领团队谱写出一曲曲长江跨越之歌。

初心筑梦　匠心建桥

中交公规院总工程师、首席专家，全国工程勘察设计大师，同济大学、西南大学、东南大学兼职教授。设计并参与建造浙江舟山秀山跨海大桥，南京长江三桥、长江四桥、长江五桥，安徽望东长江大桥，南京长江二桥南汊主桥等多座在国内外具有开拓意义的特大型桥梁工程。主持完成国家科技支撑计划课题“特大跨径悬索桥分体式钢箱梁成套技术研究与示范”等。获得“新世纪百千万人才工程国家级人选”“全国交通系统岗位能手”“交通科技英才”“全国公路优秀科技工作者”等荣誉称号；荣获全国优秀工程勘察设计金质奖、国家科学技术进步奖二等奖3次，2019年“江苏省五一劳动奖章”，2020年“全国劳动模范”。

2020年6月28日午夜12点，南京，更深露重。

在南京市江心洲上，一座大桥腾空飞跃长江两岸。这，就是正在建设的南京长江第五大桥。

桥上，几位戴着安全帽的工程师围站一圈，刚刚见证这座大桥关键合龙工序胜利完成的他们，掩去满脸的疲惫，洋溢着喜悦的笑容，高高举起手里的纸杯，共饮这杯甘甜的庆祝之酒。

其中一位戴着白色VIP安全帽，笑容满面的中年人，显得尤其兴奋。他，就是这座大桥的总设计师、全国勘察设计大师、中交公规院首席专家崔冰。

自大学毕业加入公规院以来，崔冰就参与了南京长江二桥的设计工作，此后相继负责设计南京长江三桥、南京长江四桥、望东长江大桥，直到今天的南京长江五桥。他说："从事桥梁设计工作30多年，这是我第五次见证自己设计的大桥合龙，心里特别高兴。"

南京长江五桥，全长1796米，主跨600米，是世界上首座大跨度轻型钢混组合结构斜拉桥。从建筑施工角度来说，大桥的合龙标志着这座桥的结构贯通；从设计师的角度来说，大桥的合龙还意味着桥梁从图纸设计变成了完整的受力结构，自此整个建设周期最艰难的时期宣告结束。

从合龙段到合龙缝的跨越

回想2001年南京长江二桥的合龙，长久以来，由于斜拉桥合龙对外部

▲南京长江二桥

环境的敏感，导致合龙当天需要“看天说话”，只有风平浪静，才能顺利合龙，业内称为“被动合龙”。经过近20年的创新实践，今夕的合龙与以往大桥的被动合龙不同，实现了“风吹雨打都不怕”的主动合龙。

“以往斜拉桥合龙都会设一个合龙段，需对合龙口进行48小时的连续观测，根据合龙口情况进行配切，并守着时间，待天气、温度合适的时候，再进行起吊合龙。”崔冰告诉大家。

而对于南京长江五桥的这次合龙，公规院的设计师在崔冰的带领下，创新性地提出了无合龙段的主动控制顶推合龙方案，所有梁段均按标准梁段吊装架设步骤进行，均在工厂内进行预拼以确定相互间的位置关系。边塔对应主梁先向边跨侧顶推约15厘米，在合龙施工时，再回放向中塔20号梁段靠拢对接。合龙的关键一步是合龙缝的精确对接，首先，必须进行主动调整控制，通过斜拉索张拉控制、边塔主梁回放以及合龙梁段间斜向对拉操作调整和控制相对位置进行粗定位；其次，通过设置在主腹板高强螺栓群间经特殊设计的调节牛腿进行精调；最后，安装拼接板、打入冲钉并施拧高强螺栓，即可完成合龙段的精确对接，整体合龙时间只需要3～4个小时。

▲南京长江三桥

“这个方案对加工制造精度控制的要求较高，栓群误差通常不超过1毫米。但这些高精度的工作是在工厂内完成的，厂内梁段预拼有效保证了现场的合龙精度，我们合龙段两侧主腹板各274个螺栓都严丝合缝地安装上了，做到了零误差，真正体现了桥梁工业化制造的水平。”崔冰对大桥的各项数据如数家珍。

创新追求永不停步

站在合龙的南京长江五桥上，桥下是滚滚长江，桥面微风习习，旌旗猎猎。此时，也是崔冰最轻松的一刻。

为了这一刻，他付出了无数个不眠之夜。在崔冰的眼里，轻型化高性能结构、工业化产品制作、组装化桥梁建造是我国乃至世界桥梁发展的方向，他回忆道：“建设望东长江大桥过程中，我深深感受到结构自重较大的钢混组合箱梁无法拥有更好的跨越能力和优异的结构性能，结构承载能力很大一部分是在承担自己的重量。为此，我总是在考虑，怎样才能使钢混组合梁结构轻型化。”

创新就在不经意间。当时，一个想法钻入崔冰的脑海：如果将有效的骨架材料和低活性填充成分引入活性粉末混凝土中，能否研发出一种总收缩量较低、采用常规养护手段即可拥有较优异性能的水泥基材料呢？

基于这种创新性构思，在工程院院士指导下，崔冰与科研人员一道进行了大量的试验研究，历时近6年时间成功研制出了一种高性能新材料——粗骨料活性粉末混凝土，将其应用于钢混组合梁桥面板上，可有效降低桥面板厚度，实现主梁结构轻型化；同时，使钢混组合梁具备了在更大跨度的桥梁结构中替代钢箱梁的能力，为在大跨度桥梁中有效规避钢箱梁正交异性钢桥面板的疲劳开裂，以及解决钢桥面板铺装难题奠定了坚实的基础。

此外，为了追求桥梁结构轻型化，南京长江五桥在世界上首次创新采用了钢壳-混凝土组合索塔结构。

“公规院作为设计单位，多年来，设计理念不断更新，敢于在桥梁的结构、使用材料、新技术方面寻求突破，切实在我国桥梁设计队伍中发挥了‘排头兵’的作用。”南京长江五桥项目业主、南京市公共工程建设中心主任武焕陵说。

▼南京长江五桥

目前，南京长江五桥已经申请了近20项发明专利，项目采用的一系列基于标准化、装配化、自动化、智能化的施工工艺为我国桥梁的科技自主创新开辟了新篇章。

从业30年来，崔冰的人生一直和桥联系在一起。他全身心沉浸在我国桥梁事业从“学习与追赶”到“创新与超越”的持续跨越中，以一个桥梁工程师对技术创新的不懈追求，将汗水与智慧，青春与梦想，默默奉献于桥梁设计事业，践行着以匠心坚守初心的当代“工匠精神”。

跨越长江天堑，更难啃的“硬骨头”在后面，崔冰时刻站在他所攀登的那座桥上。未来，崔冰将继续带领团队，始终争做新时代的奋斗者和创造者，发扬逢山开路、遇水架桥的奋斗精神，用行动诠释“爱岗敬业、争创一流，艰苦奋斗、勇于创新，淡泊名利、敢于奉献”的劳模精神，切实践行初心和使命，着力推进交通运输事业迈向高质量发展路径，努力打造人民满意的交通运输环境。

管延安

中共党员
高级技师

听“音”辨隙，数万次磨炼，他练就左、右手拧螺丝误差不超过1毫米的技能，做到60多万颗螺丝零失误，成为港珠澳大桥工程走出来的中国“深海钳工”第一人。

超级工程走出的大国工匠

中交一航局二公司总技师，央视宣传的首批“大国工匠”，被誉为“深海钳工第一人”。在港珠澳大桥建设中，主要负责沉管舾装和管内压载水系统安装等相关作业，圆满完成33节巨型沉管和6000吨最终接头的舾装任务，做到了手中拧过的60多万颗螺丝“零失误”，以高精度、“零误差”的舾装质量保证了每一节沉管的成功安装，为世界首条“滴水不漏”的外海沉管隧道建设奇迹做出了卓越贡献。获评“全国劳动模范”“全国技术能手”“中国质量工匠”“全国职工职业道德建设标兵个人”“中央企业百名杰出工匠”“津门工匠”等荣誉称号，“全国五一劳动奖章”获得者。

忠诚祖国，技艺高超，一把扳手，一段传奇。

港珠澳大桥，33节巨型沉管，60多万颗螺丝，练就了管延安安装零缝隙和“听音辨隙”的绝活，创造了“零失误”的深海奇迹。

“重整行装再出发，继续攀登新高峰，习近平总书记对工程建设者们的叮嘱始终激励着我们不断前行！”管延安向年轻工友讲述自己参与港珠澳大桥等工程建设的点滴过往，仿佛一幕幕又出现在眼前。

当工人，就必须当个好工人

2013年初，管延安来到珠海牛头岛，成为港珠澳大桥岛隧工程建设大军的一员。他负责的水下沉管安装精度要求极高，要做到不渗水、不漏水，接缝处间隙必须小于1毫米。“当工人，就必须当个好工人；学技术，就必须把技术学精。”管延安暗下决心，致力攻克这一难关。可这1毫米的间隙，根本无法用肉眼判断。为了找到这种“感觉”，他在拧螺丝时几乎从不戴手套。经过数万次的磨炼，管延安练就了左、右手拧螺丝误差均不超过1毫米和“听音辨隙”的绝活。

参与大桥建设的5年里，管延安和工友先后完成了33节巨型沉管和6000吨最终接头的舾装任务，做到了60多万颗螺丝“零失误”。在E15沉管“两进坞门、三出外海”的挑战中，管内压载水系统突发故障，水箱不能进水，管节继续沉放的工作只能暂停，必须进入半浮在海水中的沉管内进行维修。紧急时刻，管延安和团队成员快速开启人孔盖板，一组人高效

▲大连湾海底隧道工程沉管出坞

清理盖板结合面，做好封实准备；另一组人迅速进入沉管，打开控制箱逐点排查，寻找故障点并及时完成抢修。得益于无数次的演练，从打开人孔盖板、排除故障，到完成人孔盖板密封全程不超过3个小时。管延安用一次次实际行动兑现了一个好工人“使命必达”的铿锵誓言。

想成事，就必须对自己狠一点

来到大连湾海底隧道后，管延安与曾经的“老战友”——“津平1”号、“津安2”号、“津安3”号三艘港珠澳功勋船舶再度相逢。

“这里冬天温度低，船舶运行困难重重。”严寒的气候束缚了船舶的脚步。当务之急便是对三位“老战友”进行改造升级，让船舶快速适应高寒施工。时间不等人，管延安与同事吃住在船上，昼夜坚守。秉持“一处角落也不能有遗漏”的严谨态度，吊运、紧固、安装，他们一遍又一遍操作着熟悉的工序……“宁可自己挨冻，也要先让设备暖和。”靠着这股劲头，大家迅速给每一艘船舶加装了大功率热水锅炉，给所有住舱和机舱加装了保温结构，甚至给甲板外露的部分管系都加装了电加热和保温结构，为所有装备装上了“暖房”。

在大连湾海底隧道，安装压载水泵及管系是舾装施工的一道关键工序。但管节里作业空间极其狭小，大型作业工具根本无法进入，面对长达180米的曲折管系，管延安和团队成员将港珠澳大桥“零缝隙”的理念延伸到大连湾。“必须做到安装零缝隙！”每根水管重达300千克，最狭窄的区域其宽度仅为4.4米，管延安与工友一起就靠着小推车，一步一步、一点一点拼接……每次走出沉管时，身上的工装都已经湿透，阵阵海风袭来，大家不禁打起了冷战。

“性能检测试验期间，管师傅多次全身被水打湿，为了保证试验的连续性，即使嘴唇被冻紫，管师傅依然坚持做完实验。”设备部王富敬满眼敬佩。

管延安和团队以惊人毅力顺利完成了筹备期的多个试验。回首过往，用他自己的话说：“想要做成点事，就必须对自己狠一点。”

搞创新，就必须走出一条路来

“新时代的技能工人，不仅要埋头苦干，更要抬头创新、坚持创新，靠创新开出一条新路。”作为一航局二公司“大国工匠”创新工作室的领衔人，管延安认为，作为一名技能工人，最重要的是在做好本职工作的基础上，善于创新创造。

▼港珠澳大桥沉管隧道工程E30沉管到达施工海域

▲港珠澳大桥沉管隧道工程最终接头安装

“大家的专业知识和创新能力都很强，我要做的就是用工匠精神把大家团结起来，通过集体智慧多出成果，多培养人才。”管延安努力在技术创新上做贡献，与工作室成员一同从事沉管、船舶研究。

在港珠澳大桥建设时期，世界上最大的外海抛石整平船“津平1”号四条90米高的桩腿的润滑保养，一直是操作工人解决不了的难题。管延安和团队成员用1个多月时间研制出“桩腿齿轮喷淋加油润滑装置”，仅用不到3万元就成功“破题”，比引进德国设备节省了240多万元。

管延安带领的一航局二公司“大国工匠”创新工作室坚持在船机修造和跨海通道两个领域不断实践创新，先后被中交集团、天津市和山东省授予“示范性劳模（工匠人才）创新工作室”称号。目前，工作室已经取得19项专利，20名成员全部成长为跨海通道和船机修造骨干。

与此同时，管延安带领工作室成员参与由政府、院校、业主、媒体单位组织的70多场互动交流活动，累计交流人数超过20000人，将企业文化和工匠精神传递给了更多的人。

管延安说，是企业平台和“超级工程”，让他收获了成长和不一样的经历，机械加工和锤子敲击的声音总是让他充满力量，只有坚守匠心，扎根一线，把平凡的事情做好，才是他的完美人生。

陈兆海

中共党员

高级技师

与仪器为伴，和数据为友，他在测绘之路上坚守二十七载，不断刷新着行业测量纪录，推动我国测量技术向着世界一流水平迈进。

精益求精的“工程之眼”

中交一航局三公司首席技能专家。先后获得2012年“第四届大连市技术能手”、2014年“大连市劳动模范”、2014年“全国交通技术能手”、2017年“辽宁省劳动模范”、2018年“第十四届全国技术能手”、2018年“中国交建技术能手”、2019年大连市“大连工匠”、2019年“辽宁工匠”、2020年“全国劳动模范”、2022年“大国工匠”等荣誉称号。

1995年夏天，陈兆海作为一名测量实习生，被分配到中交一航局三公司，带着几分稚气和期待他迈入了测量的大门，而这一干就是20多年。其间，陈兆海参与建设了诸多重点工程，从我国首座30万吨级矿石码头——大连港30万吨级矿石码头工程、我国首座航母船坞——大船重工香炉礁新建船坞工程，到国内最长船坞——中远大连造船项目1号船坞工程，再到我国首座双层地锚式悬索桥——星海湾跨海大桥工程，以及目前在建的大连湾海底隧道和光明路延伸工程。一项项工程的背后，都见证着他精益求精的匠心。

▼大连港30万吨级矿石码头工程

水砣——打磨心中的那杆秤

“干工程测量就一个要求，精！”这个皮肤黝黑，有着温和谈吐的人正是中交一航局三公司首席技能专家陈兆海。2020年，陈兆海被授予“全国劳动模范”荣誉称号。面对荣誉，陈兆海有些腼腆，但说起自己的本职工作，他却滔滔不绝起来。

2004年，大连港30万吨级矿石码头工程进入大干阶段，陈兆海所在的测量团队肩负起基床抛石检验的重任，检验要求标高精度20厘米。“这看似很短的一尺距离，却深藏着极大的挑战。”陈兆海坦言。工程所处地区海况十分恶劣，水深30米，流速1米/秒，全站仪这些高端仪器无法适用于这种水深流急的外海施工，既要满足水下抛石的精度，又要达到施工进度的目标，这看起来几乎不可能实现。就在大家一筹莫展的时候，陈兆海突然想起了一个老法子——“打水砣”。简单来说，这种方法就是测定水底点至水面的高度，但受水流、水深及尺身型变等因素影响，测深读数时间必须在水砣触及海底的2～3秒完成，最佳读数时间不足1秒，这是常人难以达到的。

▼大连湾海底隧道工程

▲大连星海湾大桥工程

向来追求高精度的陈兆海决定亲自挑战。那段时间，陈兆海常常是一连几天吃住在海上，15多千克的“铁疙瘩”，每天要扔成百上千次。一连几个月，陈兆海几乎把工闲时间全部拿来练习眼力和反应速度，硬是把一整套快速读数方法练成了条件反射。300多米的码头，一年的校验时长，不服输的陈兆海一举创下了靠人工测量方法，将沉箱水下基床标高精度控制在厘米级的奇迹。就这样，他用超乎常人的毅力为水下基础施工提供了准确的测量数据，保证了沉箱安装工作的高效推进。

传承——打造测量团队的生命力

2007年，陈兆海作为测量班长投身大船重工香炉礁新建船坞工程建设当中。该工程采用湿法施工工艺，水下基础整平标高精度要求达到2厘米。面对巨大的履约压力和不断攀升的物资成本，陈兆海决定采用当时比较高端的设备——全站仪。然而，在测量过后，显示屏上的数据并未让大家感到一丝兴奋，受海上折光等因素影响，标高精度只能达到5厘米。“这么高端的设备都无法达到要求，我们该怎么办？”测量团队犯了难。有着多年测量经验的陈兆海并没有因此退缩，把事做细、做精一直是他追

▲大船重工香炉礁船坞工程——“辽宁号”航空母舰的摇篮

求的目标。全站仪不行，陈兆海又提出了GPS技术，但咨询过老师后，这一方案也被一票否决。“新设备用不了，那就试试水准仪这个老办法。”为了快速找到突破口，他再次大胆地突破设想，将过去陆地测量的理论应用到了水下。

就在一切准备就绪的时候，新麻烦又接踵而至。当时测量班人员大多为“半路出家”，对测量工作都是边摸索边成长，连一个成手的辅助员都没有。就在陈兆海一筹莫展的时候，测量班里的行家柳师傅自告奋勇。翌日，海上风平浪静，人员、设备、船机全部就位，凭借着10多年的测量经验，陈兆海瞬间读数、一次搞定。“精度2厘米，达标！”掩饰不住的喜悦在他黝黑的脸上绽放开来。据悉，该工程提前4个月完工，也成功地实现了扭亏为赢。

技改——冲击国际最高精准

“南有港珠澳，北有大连湾。我们的测量工作精度就是要对标港珠澳大桥，实现标高精度5厘米以内。”目前正在参与建设大连湾海底隧道的陈兆海如是说。和港珠澳大桥不同的是，大连湾海底隧道工程是我国在严寒海域建设的首条沉管隧道，没有任何可以借鉴的经验，理论学习成了陈兆海的首要任务。随着大连湾海底隧道工程基础抓泥、基床整平等施工的陆续启动，陈兆海从零做起、主动出击。他一方面，向专家教授等诸多测绘领域的知名学者学习取经；另一方面，将专家的指导意见与现场施工实践有机结合，成功引进多波束测深系统。同时，陈兆海联合公司技术中心共同攻坚，围绕“多波束测深系统扫测代替传统水工隐蔽工程验收方式”课题，不断地进行资料收集、实地考察，从前期的扎实调研到过程中的多波束测量误差源分析与量化评估、外业数据采集、质量控制，再到如今的厘米级精度多波束测量质量控制指标体系构建、测量数据质量评估方法研究……陈兆海一行人距离更高的精度越来越近！

“脚踏实地，尽心、尽力、尽职、尽责地做好每一天的每一项任务，相信平凡的工作也能创造辉煌。”一如陈兆海所说，他正用“精益求精”诠释着对测量工作的执着与热爱，用拼搏奋斗缔造着平凡人生中的非凡。

马文兵

中共党员

助理工程师

二十六载辛勤耕耘，他把青春洒在了8座世界级桥梁的建设上；二十六载钻研求索，他从一名普通的农民工“逆行”而上，成长为大桥建设的行家里手。他在高山沟壑中，在大江大海上，描绘着一个建桥人的精彩人生，书写着一名“全国劳动模范”的动人诗篇。

从农民工到建桥工匠

中交二航局当松枝高速公路项目部党支部书记、工会主席，被称为建桥“土专家”。先后在九江长江大桥项目、武汉沌口长江大桥项目、福厦铁路6标项目等项目中从事工长、现场生产、项目副经理工作。先后获得“全国五一劳动奖章”“武汉市优秀进城务工青年”“武汉市五一劳动奖章”“武汉市劳动模范”“湖北省五一劳动奖章”等荣誉。2018年1月，当选为湖北省十三届人大代表；2020年，被授予“全国劳动模范”荣誉称号。

马文兵来自贵州大山深处。在他3岁之前，父亲就去世了，母亲一个人含辛茹苦把他带大。身处贫困山区，为了支撑家庭，初中一毕业，他就下决心出去闯荡。就这样，他跟随年长的乡亲来到贵州的一个工地，成了施工队里最年轻的工人。这是他人生的转折，也是他梦想的新起点。在这里，别人不想学的技能，他学；别人不想干的活，他干。劳动，成了浇灌他梦想之花的基石和“美”的化身。

勤奋好学　不断积累

1996年，马文兵参加了中交二航局江阴长江大桥项目，这是我国当时

▼ 坝陵河大桥

▲福厦铁路

第一座跨径超过1千米的大桥，对所有参建人员的技能等级和学历资质要求都较高。为了领取上岗证，马文兵报考了贵州省经济学校的机电一体化专业读书充电；针对施工现场出现的各种问题，他不厌其烦地请教有经验的同事和师傅；公休时间，他的业余爱好就是琢磨专业书，弄懂说明书。

勤奋好学与不懈付出，让马文兵不断积累着“财富”。有一次，师傅们为江阴大桥的主塔电缆布线设计犯难，马文兵挤进人群，对原来的悬吊方案提出质疑，建议利用搭肢本身的通风口做电缆固定点进行布线，这样不仅节约了一半的电缆用量，还有效增加了桥梁线网布局的安全性能。项目部采纳了马文兵的建议，师傅们拍着他的肩膀说：“马儿，你可以出师了。”

爱岗敬业　冲锋在前

1998年，马文兵在军山长江大桥项目担任主塔施工电气主管。在一次引桥大体积混凝土浇灌时，一台进口搅拌设备出了故障，在场的人急得跳脚。一个和马文兵关系好的同事，想到他平时喜欢研究机械电气类的东西，当即把他从主塔施工现场叫了下来：“马哥，你赶紧帮忙看看，再拖下去，要出大问题。”马文兵二话没说，用探头检查电路，发现是继电器烧坏了，仅仅用了10分钟就排查出搅拌设备的故障。从那之后，马文兵在工地慢慢闯出了一点名气。

2006年，马文兵被点名调到“西南第一桥”贵州坝陵河大桥项目“救火”——工地上的塔吊坏了半个月，修不好。来到项目的第二天，马文兵就拿着电工专用万用表上了塔吊，一检测，就把问题找了出来。他又用了一天时间对塔吊进行了维修和保养。时任贵州坝陵河大桥项目经理徐刚一眼看中了马文兵的能耐，“强行”把他留了下来，这个偶然的决定使马文兵进入以徐刚创新工作室为核心的建桥团队，并逐渐成长为核心成员。

能为家乡修建一座世界级桥梁，马文兵一直觉得很骄傲，但贵州坝陵河大桥的建设充满了困难和挑战。“贵州下冻雨时，天气又冷又湿，那段时间我们要给210米高的主塔进行永久吊索的安装施工，施工难度和安全难度很大。”马文兵说。他当时负责主塔上部施工，施工场地非常滑，上下主塔都要非常小心，但每一个工点马文兵都会亲自仔细检查，遇到危险的事情，他总是第一个冲在前面。最后，他们比对岸项目部提前40天挂完了永久吊索。因表现突出，马文兵被评为“第六届武汉市优秀进城务工青年”。

贵州坝陵河大桥竣工后，马文兵跟随徐刚建桥团队来到了九江二桥项目，担任大桥的关键工序部位22#主墩的工长。在九江二桥桩基施工的时候，为了保证桩基质量，要定期提取长江里的泥浆进行性能指标检测，这道工序很关键。最开始，项目部在市场上买了一个取浆器，但到了实际操作的时候，完全不能用。马文兵是现场工长，要配合试验人员取浆，他说：“这个东西不是这么加工的，这哪里取得到泥浆嘛。”在一个工人的帮助下，马文兵画了张取浆器的草图，用现场的材料制作了一个上、下有两

▼泉州湾跨海大桥海上航拍

▲武汉沌口长江大桥

道阀门的圆柱形取浆器，取浆特别精准，这个小发明后来获得了国家专利。

九江二桥项目对马文兵而言意义重大。2010年，他在这里获得了“武汉五一劳动奖章”。荣誉的到来让他有点措手不及，随之而来身份的转变，更是让他感动良久。虽然已在中交二航局工作多年，但对于成为中交二航局的正式员工，马文兵坦言当时想都不敢想。

“我记得转成正式职工是在九江二桥的第一年，接到公司人事部门的消息后，我很激动，连着几天觉都睡不着，这个事情对我的触动很大。我这个人从来都是宁愿站着流血，不愿意躺着流泪的，但那一次，我是真的流泪了。”这个质朴、真诚的年轻人，始终对企业怀有感恩之心。其实，无论是什么身份，他都早已是企业的一分子，他的血液里也早就融入了中交二航局“四海为家　拼搏奉献”的精神。

2013年9月，武汉沌口长江大桥开工，在马文兵的职业生涯里，这是他参建的第七座世界级桥梁。此时的马文兵，已经具备本科学历，是集电气、起重、现场指挥调度职责于一身的建桥专业人才，他有足够的实力，也有足够的自信。

2016年，是马文兵所在的武汉沌口长江大桥项目南岸分部最关键的一年。马文兵和团队成员克服洪水、高温等不利影响，最终于2016年11月8日顺利实现主塔封顶。其间，233.7米的主塔施工，186次的混凝土泵送，没有出现过一次堵管，在同行专家眼中算得上奇迹。

▲九江长江二桥

2020年，是马文兵人生中具有特殊意义的一年。这一年，他被授予“全国劳动模范”荣誉称号，站在了荣誉之巅。“其实拿不拿劳模，我都会干好这个活，我没有任何资格和权利不把工作做好。中交二航局给了我这么好的平台，我在今后的工作中就要全心全意做好自己的事。”面对荣誉，马文兵没有自骄自满，念念不忘的仍是爱岗敬业、创造奉献。

心怀感恩　不忘初心

一路走来，当年一起从贵州大山里出来打拼的老乡很多都做了老板，但马文兵从来没红过眼。这期间，他有至少20次被外单位或分包老板挖墙脚，开的条件非常诱人，但他都直接拒绝了。他说：“我这个人，没有把钱看成第一位，在中交二航局，我从一个农民一步一个脚印走到现在，很不容易，单位培养我更不容易，我不会忘恩，也不会忘本。”

如今，马文兵担任中交二航局当枝松高速公路项目部党支部书记、工会主席，开启了新的航程。转眼间，他在中交二航局已经工作了20多个年头，那个当年为了谋求生活来到项目工地的年轻人，实现了人生“劳动创造美”的梦想。在新征程上，新的目标正等着他用奋斗去实现！

毕仲燕

中共党员

高级工程师

三十四年砥砺前行，他带领团队奋战在工程一线，用脚步丈量国土，用责任和信念为祖国开疆拓土，固我海疆。

匠心磨砺筑港湾

中交天航局海南决算组主任。从业34年里，足迹遍布国内外，在不同时期的各个岗位上，为完善制度流程、推动项目生产、改进技术工艺、加强船机管理等做了大量工作。参与了“超大型耙吸船深水窄短基槽回填抛砂”等多项科研项目。主持参建的项目多次获得国家优质工程金奖、詹天佑奖、天津市文明工地等荣誉。先后获得中国交建“品牌员工”“‘三优’人才”“海外商务人才”“天津市劳动模范”“全国劳动模范”等荣誉称号。

“我只是一名普通的港口劳动者，全国劳动模范的殊荣属于经年累月默默耕耘、奋斗奉献的筑港产业工人。”毕仲燕的话铿锵有力。

重担在肩　使命必达

2013年，毕仲燕被任命为天航局海南重点项目指挥部副指挥及项目经理部经理。作为该项目的负责人，他深知自己责任重大，虽委重投艰、千钧重担系于一身，但他始终保持着那份从容和淡定，给参建“将士”传递着坚定的信心和必胜的信念。他总是心系工程现场情况，每当遇到急、难、险、重问题时，他总会和兄弟们一起想办法、排万难，克服种种难

▼海口秀英港

题。同时，他也展现出超人的意志与担当，每次工程碰头会于凌晨1点结束后，他仍继续伏案工作；强忍查不出病因的心脏剧痛，他仍继续与业主沟通解决问题；连续高烧三天，他仍继续研究船舶调遣方案和施工工艺；四次肾结石发作，他被人架到医院做完手术后，又马上到岗履职。同年夏天，当地已经热得让人喘不上气，在现场指挥施工2个多月的毕仲燕，下了码头连衣服都来不及换，便召开会议，紧急部署下一阶段保节点工期的工作安排。

经过几个月的风吹日晒，这位老党员的短发长了许多，原本白净的脸颊被晒得黑红，黑框眼镜都遮挡不住他浓重的黑眼圈。但是，他那泰山崩于前也不慌不忙的镇定，笑起来会眯成一条缝的眼睛，还有自然扬起的嘴角，依旧是那么自信、真诚和亲切。在大家眼中，他不只是领导，更像是一个老大哥、一位好老师，一根共产党员的标杆。

战风斗浪　勇往直前

越是接近胜利越不会一帆风顺，越是风平浪静越蕴藏着惊涛骇浪。2013年9月，业主要求对两艘主力船舶管线进行大幅改动，并要求在24小

▼秦皇岛煤四期

▲秦皇岛煤四期

时内完成改线任务。这如同晴天霹雳一般，打乱了前期已安排好的工作计划，也为当时的项目施工出了一道大大的难题。

“越是艰险越向前”，这是毕仲燕当时的回答，也是项目全体职工的回答。接到任务指令后，毕仲燕立即组织相关技术人员连夜进行方案论证研究，统筹相应机械设备和人员，等到方案论证研究完成时，已经是凌晨2点。任务明确了，分工清晰了，清晨6点他又身穿雨衣、带着对讲机亲自到现场指挥。雨越下越大，兄弟们看着他瘦弱的身体劝他赶紧回去，他却说：“任务紧急，顾不了这么多。”说完便拿起对讲机在现场进行指挥协调。现场的管理人员和管线工人都顿感踏实，干劲十足，最终顺利完成了施工任务，得到了业主的认可。

我将无我　不负人民

多年来，毕仲燕坚持在技术研发、科技创新、专业深造等方面下功夫，还参与了“超大型耙吸船深水窄短基槽回填抛砂”等多个科研项目。在他的不懈坚持下，不仅他本人考取了高级工程师、一级建造师、安全工程师等多项证书，曾经的一大批“学生”如今也都已获得相关专业的职业资格证书或取得行业领域的科技研发成果，积极投身到祖国建设大潮中，在参与建设交通强国的“施工图”上留下了自己的名字。

虽然平时很忙，但毕仲燕从未缺席过支部党员的学习活动。他说：“不管是做哪行，对老百姓的事总要做到心中有数。”在2021年庆祝中国共产党成立100周年大会上，习近平总书记发表了重要讲话，总结、概括、提炼了我们党在百年奋斗历程中形成的伟大精神和成就。毕仲燕深有感触，他说：“总书记在讲话中指出，要‘坚持人与自然和谐共生，协同推进人民富裕、国家强盛、中国美丽’。对此我感到欢欣鼓舞。如今，我们正乘势而上，向第二个百年奋斗目标进军。我们要坚决执行党中央的决策部署，坚决履行服务国家战略这个‘至高使命’。”

“我甘心奉献在一线。”毕仲燕话虽不多，但每句话中都有股不知名的力量能打动人心，“为祖国建设添砖加瓦，我们也是其中的参与者，这让我倍感骄傲”。多年来，毕仲燕带领团队发扬了“不畏艰难、善打硬仗、敢打必赢”的新时期党员精神，展现了新时代劳模的使命与担当，彰显了民族现代疏浚业建设者开疆拓土、固我海疆的气魄和胸怀！

冯颖慧

中共党员

高级建筑师、规划师

开拓创新走在技术前沿，拼搏进取展现责任担当，她把事业写成了一篇不负时代、不负芳华的壮丽华章。

最美芳华绽放世纪工程

中交第四航务工程勘察设计院有限公司城市规划研究院副院长。为港珠澳大桥两座外海人工岛岛上建筑总建筑师、技术总负责人。先后主持或主力负责完成了数十项省级和国家重点工程及多项“一带一路”项目。带领数十个团队完成超过40项设计单体子项及22个专业协同的宏伟蓝图。先后获得“全国五一巾帼奖章”“广东省五一劳动奖章”，中国交建“十大杰出青年”“品牌员工”，港珠澳大桥岛隧工程建设个人特等功、“全国劳动模范”等多项荣誉。

“担任建筑师20年，我去过很多工地。而港珠澳大桥岛上工地与别的工地大不一样。岛上没有一棵树，没有一家小铺子，没有一个工程外的老百姓，更没有手机网络，周边是茫茫大海，太阳曝晒海面，使整个人的皮肤都有黏糊糊的感受……”“全国劳动模范”，中交四航院高级建筑、规划师冯颖慧回忆起奋战在港珠澳大桥的5年岁月时感慨道。

2019年初，冯颖慧劳模和工匠人才创新工作室揭牌成立。从亲历世纪超级工程到带领年轻团队开展技术课题攻关，冯颖慧认为，唯有干一行、爱一行、精一行，才能无愧于初心、无愧于这个时代。

▼港珠澳大桥东人工岛

深耕5年，产出20多项外海专题研究

“2013年，我第一次去港珠澳大桥人工岛上踏勘现场。中午，我在东岛食堂吃了一顿午餐。由于孤岛上都是有规划的用地，没有一寸专门的施工用地，工人和生活生产设施都是跟着施工进度挪来挪去的。那会儿东岛吃饭的地方被安排在船上，师傅们进入食堂时候的样子，没有一位不是全身工服伴着泥泞和湿透的汗水，黑得发亮的皮肤，还透着红红的刚增添的、鲜活的紫外线痕迹。”冯颖慧回忆说。虽然在食堂有空调，可在钢甲板下的食堂里，她热得汗流浃背。看着工人师傅们那种连Wi-Fi都没有的孤岛生活环境，她在心里暗下决心，绝不能出现让工人师傅在岛上等图纸施工的情况。

港珠澳大桥工程的技术设计集隧道通风排烟、隧道桥梁机电支撑系统、交通管养、监测、行政办公、生活，人工岛输配电、发电、供排水、救援、防灾、消防、环保、商业、旅游观光等十余项功能于一体。

“就这样，加班加点成了我们的全部，我清晰记得，最紧张的时候，

▼减光罩

▲人工岛夜景

就连剪个指甲都觉得是在浪费时间。”冯颖慧说。工区分部、设计分部都比自己传统负责的领域多走一步，互补各种优劣资源。而设计则充分发挥了掌握纷繁复杂的前沿工程信息的作用，两个岛上的建筑设计团队最高峰时期过百人，大到整个岛上的建筑统筹规划，具体到每个节点的工期、造价、风险和难度，甚至在现场还要协助施工人员规划场地。

2014年底，经过连续7个月的奋战，冯颖慧和她的设计团队完成了岛上建筑设计图纸的初稿，并通过专家审查。仅一稿图纸就达3000多张，搬运它们的时候甚至要出动搬家公司。

面对台风的考验，冯颖慧所在的团队还得对外海风险进行排查。在项目总经理专门委托的专家团队的技术支持下，冯颖慧的团队完成了诸如隧道的防淹、外海的高风压、岛上特异空间的管线走向和设备耐腐蚀性等问题的数十项专题研究。冯颖慧说：“果真在2018年10月港珠澳大桥通车前一个多月，我们遭遇大自然最严厉的检验，史上最强16级台风‘山竹’正面袭击，岛上建筑毫发无损，大家也完全松了一口气。”

幸运的是，在港珠澳大桥工程团队，冯颖慧认为遇到了无数的“知己”，从上到下每个人都全心全意为工程着想，所有人都像对待自己家的事情一样守护着孕育中的大桥。在产生负面情绪和遇到棘手问题时，总有人爱护，总有人鼓励，总有人帮助，在这种充满正能量的团队氛围中，“不辜负”三个字，就像是无形的动力，推动自己不断前行。

面向未来，劳模和工匠人才创新工作室引领课题攻关

得益于参与世纪超级工程的技术积累，2019年初，冯颖慧劳模和工匠人才创新工作室揭牌成立。“建筑行业是一个创意产业，每一项工作都是一次创新。”冯颖慧说。在工会组织的关心下，她牵头成立了多个技术课题攻关小组，包括“一带一路”海上大型人工岛建设关键技术研究、开发实施海上旅游综合体关键技术研究、流域综合开发前端咨询项目技术指南等。冯颖慧认为，依托劳模和工匠人才创新工作室，一方面可以把在像港珠澳大桥工程这种世纪工程中收获的各种技术进行归纳总结提炼；另一方面可以带领年轻技术骨干在设计技术前多思考、多探索，推动建筑产业产出更多务实的高品质精品。

▼西人工岛主体建筑“郝笑天”岛隧工程

在2022年首届大国工匠创新交流大会上，冯颖慧代表“巾帼工匠”亮相。大会主题是“技能强国，创新有我”。冯颖慧是这样诠释自己行业创新的：“从我这20年的工作经历和感受来看，创意产业充满艺术细胞的活跃思维，与‘刻苦、扎实、磨炼、沉淀’这些貌似比较‘沉’的字眼仍然息息相关，成长万变不离其宗：态度和思维方式作为每一天作用在自己身上的元素，尤为重要。”冯颖慧认为，在工作中淬炼熟练的科学技术，承担自己认为有挑战的工作，感恩给予自己爱的国家、集体和人，付出更多的回馈，不负芳华，不负时代。

夏　风

中共党员

教授级高级工程师

1600多个日夜，他以技艺与品格亮剑深蓝，战风斗浪，创造“中国速度”、点亮“南海奇迹”、演绎“建者情怀”、铸就“海上长城”。

驰骋祖国海疆的战士

中国交建外部监事，中交海投原党委副书记、纪委书记、工会主席。主持和组织建设国家和省部级重大工程30余项。先后获得“2016—2017年度全国交通运输行业精神文明建设先进工作者”、2020年“全国劳动模范”，他带领的团队先后被授予“2016年感动交通年度特别致敬人物”、2019年“严恺工程技术奖”等荣誉。

夏风同志从事公路、水运工程30余年，主持和组织建设国家和省部级重大工程30余项，多次受到交通运输部等国家、省部委表彰，率领的团队被授予“2016年感动交通年度特别致敬人物”“2016—2017年度全国交通运输行业精神文明建设先进工作者”荣誉称号。他专业技术精湛、业务能力拔尖，以智慧与才干带领团队在国家重点战略工程——海南工程建设中做出突出贡献，为中国国防事业铸就海上长城，得到了党和国家领导人的充分肯定与荣誉表彰。

战风斗浪决胜远海

海南工程是维护国家海洋权益、保障“一带一路”倡议、加快建设海洋强国的重大政治工程、战略工程。夏风同志忠于职守、敢于担当，带领队伍在海南工程中创中国速度、书世界奇迹、育海洋铁军、传远海精神。

他，敢为人先，义无反顾。

撼山易、治水难。海南工程远离大陆，高温、高湿、高盐、高辐射，缺水、缺粮、多台风。不仅自然条件恶劣，而且由于很少有人涉足，其观测数据不足，难以开展工作。

为获得准确资料，夏风扛着中交的大旗，成为到达海南工程现场第一人。

现场补给有限，夏风每天依靠一颗熟鸡蛋、一盒泡面、一个馒头、一袋榨菜、一瓶矿泉水维持高强度的工作。历时半月，他终于获得了宝贵的

▲河北黄骅港码头工程

现场第一手资料。

建设大军终于在夏风这支先遣部队的引导下进入远海。中国，也终于将构筑海上长城变成现实。

他，临危不惧，攻坚克难。

施工中的困难总是不期而遇，危险也总是来势汹汹。

现场工作千头万绪，工程进度、安全、物资、船机等协调难度极大。载有工人倒驳，夏风带拖轮前去接驳，凭着丰富的经验和井然的指挥，屡屡化险为夷，诠释了一个指挥者泰然自若的格局。

面对远海施工任务空前、挑战空前、难度空前的形势，夏风带领参建人员挑战断粮缺水的生存极限，唱响“晒黑晒伤我不怕，再苦再累要拿下”“建功深蓝、用我必胜”的战斗口号。海南工程在“宁让汗水浮起船、不让工期拖一天”的铿锵誓言中砥砺前行。

他，全力以赴，舍生忘死。

有些痛，必须忍；有些关，必须闯。

海南工程所处海域政治敏感，受到全世界关注，施工随时可能被叫停。必须根据外交窗口抓紧时间抢工。开工以来，夏风累计在施工现场驻点超过198天，前出21次。他是海南工程运筹帷幄的主心骨，带领团队拼速度、赶工期、保节点。2015年3月，夏风被检查出恶性甲状腺肿瘤，主治教授建议他尽快手术，否则将危及生命。作为指挥者，夏风毅然决然地在项目攻坚期回到了现场。在现场的每一天，他都当作生命的最后一天，从早上5点开始，工作排得满满当当，他在和死神抢时间。身患重症的他依旧和大家同吃、同住、同劳动，依旧在工地上用筷子抹掉饭菜里的浮沙，吃着沙拌饭。在他的带领下，团队凝心聚力，生死时速抢工期。

海南工程结束时，夏风终于肯住院接受手术。此时，夏风的6组淋巴中已有4组被癌细胞感染，若6组全部感染，就再无救治可能性。夏风，凭借全力以赴的激情，坚守岗位的执着，舍生忘死的责任，带出了一支像他一样冲锋亮剑、铁肩赤胆的海洋铁军。

海南工程在“每一粒沙都是国土，每一段堤都是长城”的铿锵誓言中胜利收官。这一“史诗般”的工程，圆满地完成了任务，受到了国家的表彰。

建者情怀　一代工匠

他，专业敬业，追求卓越。

夏风毕业于华东水利学院港口及航道工程专业，他主持和组织建设的工程，技艺精益求精，品质追求卓越，曾获得詹天佑大奖、鲁班奖、国家优质工程奖金质奖等省部级奖项14项。他本人荣获“港航一级建造师”“公路一级建造师”“水运工程造价工程师”“全国优秀建造师”“教授级高级工程师”专业技术称号。2019年10月，夏风获得严恺工程技术奖。2020年，他被授予“全国劳动模范”荣誉称号。

他，心怀天下，志存高远。

作为党工委书记的夏风同志在海南工程中创新特色党建，探索精神文明建设新路径，积极开创远海军民深度融合发展模式。

海南工程的伟大实践，创造出远海人工造陆奇迹、海上城市建设奇迹、交通运输和后勤保障奇迹。凝练了广大参建人员战风斗浪、攻坚克难、开拓创新的气质品格，更凝练了忠诚担当的爱国精神、战风斗浪的拼搏精神、敢为人先的创新精神、同舟共济的协作精神，铸造出一座永照后人的精神丰碑。这是夏风所在团队的荣耀，也是夏风作为一个建设者所演绎的中国精神。

夏风，以技艺与品格，创造“中国速度”、点亮“远海奇迹”、演绎“建者情怀”、书写“一代工匠”。

聚焦监督执纪　推进“三不腐”

在担任中交海投党委副书记、纪委书记期间，夏风紧紧压实“两个责任”，组织与所属单位党组织、纪委组织签订《党风廉政建设责任书》和《党风廉政建设监督责任书》；围绕宏观、中观、微观三个层面，聚焦习近平总书记重要指示批示、党中央重大决策部署落实，国资委党委、中交集团党委、中交海投党委工作部署落地；针对中交海投年度工作、党委会部署重点工作进行跟踪监督，确保重大决策部署落实落地。

夏风对本级收到的问题线索集中管理，依规依纪做好执纪审查安全，运用“四种形态”精准处理，及时查处违反中央八项规定精神和“四风”问题情况，并积极加强与地方纪委监委的沟通协调，建立“信、访，网、电”“四位一体”信访举报平台，向本级或下级单位党委提出纪律检查建议，加强“以案促改”，持续健全和完善党风廉政建设制度机制。

▼河北黄骅港码头工程

02

中交集团劳动模范（2022年）

坚守奉献

“试玉要烧三日满，辨材须待七年期。”无数个日夜里，他们扎根一线，默默奉献，无怨无悔，奉献人生。他们舍小家顾大家，为交融天下；他们抛亲情洒热情，愿建者无疆。

从事地铁建设二十年，与星辰为伍，与烈日为伴，用恒心坚守，匠心筑梦，助力“中交铁道”高质量发展。

书写“中交铁道”发展传奇

陈云峰

中共党员

教授级高级工程师

中国交建轨道交通事业部重庆地铁18号线北延项目总经理。先后参与建设南京纬三路过江通道、南宁地铁1号线、乌鲁木齐地铁4号线、成都地铁17号线一期和30号线一期、重庆地铁18号线北延工程等项目。获得国家实用新型专利4项，省部级工法2项，“大跨度铺盖法地铁车站施工关键技术研究”等科技成果3项；获得“中国交建青年岗位能手”、2019年“成都市五一劳动奖章”及2021年度中交集团“劳动模范”等荣誉。

他，是一名中交轨道交通业务建设者，扎根于国家基础建设第一线，参与并见证了国家铁路、轨道交通事业的蓬勃发展。

他，横跨中国3600公里，与星辰为伍，与烈日为伴，用恒心坚守，用匠心筑梦，助力“中交铁道”高质量发展，以奋斗镌刻青春，让劳动绽放光华。

他，就是陈云峰。

坚守恒心　务实担当展作为

学好技术的初衷是精准、快速、有效解决项目难题。历经20年的摸爬滚打，陈云峰在轨道交通项目建设，尤其是应对复杂施工环境等方面积累了丰富的技术经验和管理经验。多年来，获得实用新型专利4项，编撰论文4篇，编制省部级工法2项，通过科技研发、技术攻关形成“大跨度铺盖法地铁车站施工关键技术研究”等科技成果3项。在多年的建设探索中逐渐总结了一套高效、科学的项目管理模式，不仅让项目管理更加规范，而且精心培养了一批地铁行业的技术骨干和优秀管理者，以实际行动为企业发展贡献力量。

“业精于勤而荒于嬉，行成于思而毁于随。”20多年来，陈云峰始终秉持终身学习的理念，深信只有坚守恒心、勤学苦练才能成就自我。2019年，陈云峰担任成都轨道交通17号线一期工程项目总经理。项目超额完成2亿元利润目标、创效率100%，项目多个标段获评“绿色文明标准化

▲成都地铁17号线

工地”和“安全标准化工地”，项目总经理部被成都轨道集团评为优秀单位，陈云峰获得成都市总工会颁发的五一劳动奖章。

秉持匠心 攻坚克难破瓶颈

2012年11月，陈云峰担任项目经理负责南宁市轨道交通1号线土建18标建设。由于南宁地区泥岩地层的特殊性，项目推进速度极慢，建设工作一度陷入停滞。为了解决小半径曲线隧道掘进、渣土改良、泥饼防治、密闭空间焊接螺机，以及管片下沉超限治理等建设难题，陈云峰住在工地、吃在现场、睡在板房，带领团队通过3年的“卧薪尝胆”成功攻克了所有难题，不仅提升了个人技术水平，而且带出了一支能吃苦、能战斗的优秀技术团队。

由于攻克了多项技术难题，为项目节约了半年多的工期，陈云峰所在项目获得南宁市“邕城杯”质量奖、广西壮族自治区“真武阁杯”最高优质工程奖，收获了项目、企业和社会各界的高度评价。

锤炼决心 披荆斩棘当先锋

困难能打败弱者，也能成就强者。2021年初，在举国欢度春节，阖家团圆之时，陈云峰接受公司领导安排，协助重庆投标工作组顺利中标重庆

▲成都地铁17号线

轨道交通18号线北延项目，帮助中交集团实现了进入重庆轨道交通市场的目标。

18号线北延项目是重庆市第四期轨道交通“加速850+，谋划1000+，推动四网融合”建设规划中最难啃的“硬骨头”。面对项目前期各项艰巨任务，陈云峰不畏艰险、奋勇拼搏，团结带领项目建设团队扭转部分工点交地时间不确定等被动局面，以“保中标、开新局、拓市场”为工作目标，迅速进入车站主通道施工，充分展现了新时代中交人敢于战天斗地、勇做开路先锋的壮志豪情，取得项目全线10个工点进场9个的理想开局，为下半年中标重庆轨道交通15号线二期项目奠定了坚实的基础，圆满完成了“以现场保市场、以现场拓市场”的艰巨任务，获得各级领导的充分肯定和高度赞扬。

不忘初心　春风化雨润鱼水

“我今天的成就是项目袍泽们给的，是公司给的，更是党和人民给的……”带着这份感恩，陈云峰坚守共产主义理想信念，牢记共产党员的责任和使命，在平凡的岗位上始终保持吃苦精神、奉献意识、拼搏作风，一心一意服务群众、奉献社会，用一桩桩“小事”“实事”“无名事”，在平凡的岗位上创造了不平凡的业绩，增进了企地鱼水之情。

作为重庆轨道交通18号线北延项目党总支书记的陈云峰，围绕产业工人工资、职工待遇、群众诉求，亲力亲为，立行立办。为了减少施工作业对周边企事业单位及居民的干扰，陈云峰规划设计并搭建项目施工通道全封闭厂棚，有效保障了周边居民生活质量，获得了周边居民的信任和支持；针对重庆市云阳县泥溪镇协和村教学点校舍修缮的精准帮扶，陈云峰亲自走访调研，了解学校情况，征求师生意见，对学校10余处设备设施进行了美化修缮，以实际行动彰显了党员干部的责任与担当，为中交树立了良好的企业形象。

阳光让世界充满温暖，奉献让生命绽放华彩！在今后的工作中，陈云峰将一如既往地立足平凡岗位，知责于心、担责于身、履责于行，不负人民、不负韶华，用奋斗书写无悔青春，脚踏实地践行中交轨道交通事业高质量发展目标！

▼成都地铁30号线府城桥站航拍

扎根非洲，一干就是二十一载，从意气风发的少年，成长为中国路桥海外重大战略型市场的定盘星。

海外二十一载
筑就中非友谊桥

李长贵

中共党员

教授级高级工程师

中国交建东非区域中心总经理、中国路桥副总经理兼肯尼亚办事处总经理。其所在肯尼亚办事处于2018—2021年连续三年获评“中国路桥年度先进单位”。获得2013年度中国路桥“先进个人”、2016年度中国路桥“先进个人”、2017—2018年度中国路桥“优秀党务工作者”等荣誉。

2001年，李长贵入职中国路桥，扎根非洲，先后在埃塞俄比亚、肯尼亚、刚果（布）等多个国家参与项目建设和市场开发工作。21年的海外磨砺让他从一名普通工程师，逐渐成长为海外重大战略型市场的优秀开拓者和管理者。

肯尼亚当地时间2022年5月14日上午，由中国路桥工程有限责任公司投资开发和建设运营的首都内罗毕快速路开放通车。“内罗毕快速路是非洲最好的基础设施项目之一。我今天早上开车到机场只用了8分钟，以前可能需要2个小时。”肯尼亚交通部部长马查里亚在接受记者采访时毫不掩饰自己对内罗毕快速路的称赞。

▼建设中的马库帕大桥

内罗毕快速路项目是李长贵到肯尼亚工作后推动落地的第一个大型项目，也是中国路桥在非洲投资开发的第一个公路PPP项目和第一个BOT项目，开启了中国公司在非洲基础设施投资领域的新篇章。

回顾项目整个开发过程，李长贵感慨万千。2018年底，肯尼亚政府出现了外债过高、财政支出负担过重、无力举债等问题，而当时刚刚到肯尼亚赴任办事处总经理的李长贵也面临着双边框架项目出现瓶颈的困难。经过深入调研分析论证后，李长贵决定带领团队调整市场开发策略，加大现汇项目和投资项目的开发力度，采用BOT模式为肯尼亚政府提供“投、建、营”一体化的一揽子解决方案。从2018年9月中非合作论坛北京峰会期间中肯双方首次沟通合作意向，到2019年10月签署项目投资开发协议，仅仅用了1年时间，李长贵就带领团队为不断探索的中肯合作新局面打开了突破口。

他是转型发展的实践家，也是扎根一线的奋斗者。在项目推动过程中，为了优化设计方案，李长贵多次徒步踏勘超过30公里的项目全线，细致研究每一个桥墩的摆放位置，研究清楚每一个设计细节，在现场一待就是一整天。虽然这是一个贯穿城市中心的项目，市集商场众多，但是为了

▼内罗毕快速路

▲内罗毕快速路

节约时间，李长贵和同事常常顾不上吃饭，站在路边灌几口凉水，买两颗鸡蛋就是一顿午餐。更难得的是，在保障人员安全和施工质量的前提下，项目建设周期中始终确保了施工工作不中断。

内罗毕快速路的建设和运营为新冠肺炎疫情期间肯尼亚经济发展和解决就业问题做出了巨大贡献。项目建设高峰期招聘当地员工接近7000人，所需的钢筋、水泥、砂石料、木材、柴油等建设用料均来自当地供应商，使数百家分包商和当地建筑材料供应商受益。内罗毕快速路进入开通运营周期，为当地带来一个新职业——收费员，目前首批400名收费员已全部上岗。

内罗毕快速路在开通不到2个月时间里，已经有2万多名注册用户。看到门庭若市的运营服务大厅，李长贵说："基础设施的建设和运营，不仅带来出行便利、创造就业机会，更会从根本上造福当地民众、推动经济社会发展，这才是企业深耕海外市场、践行国家全球发展战略的意义所在。"

作为央企海外市场的开拓者，李长贵带领队伍积极践行中交集团"123456"总体发展思路，争当"大交通"建设国家队、"大城市"发展主力军，使海外经营规模逆势上扬。在百年未有之大变局中，李长贵深知，中交人高质量地完成基础设施项目，是央企的使命担当。面对新冠肺炎疫情在全球蔓延，李长贵和团队始终竭尽所能地支持当地的防疫工作，展示了中国企业的责任与担当。

肯尼亚暴发新冠肺炎疫情后，李长贵充分利用路桥专业优势，积极为肯尼亚政府出谋划策，高效实施了一系列抗疫紧急工程，极大地缓解了当地人民的抗疫压力。蒙巴萨Likoni浮桥项目就是其中的一个典型。在浮桥建成之前，每天有35万人通过拥挤的轮渡通勤于Likoni海峡两岸，两岸社区成为疫情暴发的核心区域。肯尼亚政府决定紧急实施Likoni浮桥工程，邀请多家公司参与投标，经过几轮角逐，中国路桥和一家日本公司进入最后环节。这家日本公司提出，工程建成至少需要20个月。李长贵亲自带队，顶着酷暑和风浪勘查现场，提出更为经济合理的解决方案。项目中标后，从组织施工团队进场到联系生产商紧急定制特殊建材，环环相扣，他均亲力亲为。仅用时84天，中国路桥便在海峡两岸架起一座800多米长的跨海钢结构人行浮桥，完美诠释了中国速度、中国质量和中国精神。当肯尼亚总统在项目完工仪式上揭牌的那一刻，以及看到蒙巴萨市民争相来浮桥参观时，李长贵终于露出了会心的微笑。

内罗毕快速路的运营、Likoni浮桥的贯通，不仅让肯尼亚的道路越来越宽、桥梁越来越长，它们带来的新机遇，也让当地民众的生活越来越好，日子越来越有奔头。中国路桥有着一群像李长贵一样的带头人，他们踏实做人，勤恳做事，随着中交集团“走出去”战略的不断深入，他们必将发挥更大的作用，中交集团也将在推动全球化战略中发挥应有的作用。

谢　袁

中共党员

高级工程师

从斯里兰卡到委内瑞拉，从泰国到马尔代夫，在国际市场竞争中他迎难而上，锐意进取，以实际行动为祖国、为企业贡献着力量，让中交品牌更加闪光。

在“一带一路”擦亮中交品牌

中交二航局二公司马尔代夫项目群组及马尔代夫国际机场项目负责人。13年奋战在海外工程建设一线，从斯里兰卡到委内瑞拉，从泰国到马尔代夫，参建高速公路、铁路、水工、房建等多类项目。在担任斯里兰卡科伦坡外环高速项目部工程技术主管期间，领衔设计的“倒三角可调式支架系统”和“多索钢绞线穿索牵引器”两项创新成果分别获得二航局“五小”成果一等奖和三等奖；参与的斯里兰卡南延线项目获评2021年中国交建优质工程奖。获得中交二航局“海星奖”十大标兵、“优秀共产党员”“十大杰出青年”等荣誉。

天蓝海碧，椰林树影。在马尔代夫维拉纳国际机场扩建项目现场，一座崭新的航站楼以及相关配套设施映入眼帘。2020年初，担任该项目负责人的谢袁来到这里，见证了这项工程的从无到有。

推广中国标准，创新质量安全齐头并进

众所周知，中国在国际上享有“基建狂魔”的美称，但是在“一带一路”沿线国家工程建设过程中，技术规范与标准大多采用英标、美标等。

▼2020年5月1日首批防疫物资通过使馆包机送抵马尔代夫

▲斯里兰卡南延线项目——立交区

因此，谢袁心理一直憋着一股劲，就是积极将国内先进的技术应用到项目建设中。在斯里兰卡南延线项目中，他首次提出侧方位吊梁方案、引入开合式模板系统，不仅降低了施工成本、加快了施工进度，而且大力推广了中国技术规范与标准，获得了国际监理业主的高度认可。

在工程建设中，谢袁坚持创新引领，以创新促发展，以创新增效益。在担任斯里兰卡科伦坡外环高速项目工程技术主管期间，谢袁在施工过程中认真钻研，坚持问题导向，针对施工“卡脖子”环节实施技术创新，领衔设计的“倒三角可调式支架系统”和“多索钢绞线穿索牵引器”，大大提升了施工效率和质量，为项目创造了可观的效益。在马尔代夫维拉纳国际机场项目工作期间，他参与研发的“跨强涌浪海峡特大桥下构施工临时结构体系研发与应用”，荣获2021年度中国公路建设行业协会科学技术进步奖特等奖。

“安全是项目的生命线，是一切的1，必须从严从实。”在工作中，谢袁对安全有清晰的认识，并没有因强调进度、质量等而有丝毫轻视。面对重重压力，他和项目团队打造了“铁制度，钢执行；铁标尺，不容情”的管理文化，全面压实安全生产主体责任，并通过优化设计施工方案实现本质安全，确保了项目安全、高效推进。2020年3月30日，马尔代夫维拉纳国际机场项目获得业主颁发的首个“百万安全工时”认证。

▲马尔代夫机场航站楼土建项目

效益为先，商务管理助推增收创效

随着项目施工的推进，谢袁深刻认识到效益的重要性，他认为充分运用方案优化和管理创新，是提升项目效益的重要举措。于是，“先算后干”和“边算边干”的理念在他心中生根发芽。

在斯里兰卡南延线项目期间，谢袁深入分析和研读合同条款，苦练谈判技巧，坚持科学合理、有理有据，通过与业主多轮商务谈判，成功获得变更索赔批复。同时，他通过严抓施工质量管理，助力该项目获评2021年中国交建优质工程奖。

在马尔代夫维拉纳国际机场航站楼开工建设时，当地几乎无可用的人力、材料、设备等工程建设所需的资源，全部依靠从其他国家统筹调配，单参与项目管理及施工的人员就来自20多个不同的国家，加之新冠肺炎疫情在全球范围肆虐，项目建设遇到了前所未有的挑战。谢袁通过优化设计和施工方案，在保证工程质量的前提下，合理优化减少主体工程混凝土和措施材料用量，并通过方案优化盘活企业在马尔代夫的固定资产，实现了

▲马尔代夫Thilamaafushi旅游岛建设项目

节省成本、增收创效的“双目标”。

在推进生产经营一体化的背景下，谢袁一边组织施工，一边组织项目人员研读招投标文件，在马尔代夫维拉纳国际机场土建及群组项目施工期间，成功中标马尔代夫维拉纳国际机场扩建室内装修项目包，辐射经营开花结果，并培养出了一批懂技术、懂商务，具备经营能力的工程商务人才。与此同时，他积极致力于推动马尔代夫国别项目群组管理、一套管理人员兼管几个项目的管理模式，既降低了成本，又使得项目管理人可以参与不同类型项目的施工管理，丰富了工作经验，成长为一专多能的复合型人才。

践行央企担当，展现中国形象

在干工程时，谢袁一直没有忘记企业的担当和责任，他一直践之以行，垂之以范。

斯里兰卡南延线项目地处斯里兰卡野生大象自然保护区内。为了保护自然保护区内野生动物的安全及生态环境，谢袁积极主动与业主等相关方协商、沟通，在原施工设计基础上，提出修建“野生动物通道”，确保自然保护区内野生动物的迁徙及觅食不受影响。项目部这种保护野生动物、爱护当地生态环境的做法，得到了业主及当地政府的大力支持和肯定。

2020年1月，中国武汉出现新冠肺炎疫情，防疫物资紧缺，身处马尔代夫的谢袁立即统筹调配资源，在物资匮乏的马尔代夫多方奔走，集项目全力筹集口罩10万只、防护服50件、护目镜100件，全力支援武汉抗击新冠肺炎疫情。

2020年3月25日，马尔代夫宣布封国，工人出现不同程度的焦虑心理，谢袁主动联系中国驻马尔代夫大使馆，并联合在马尔代夫的众多中资企业，经过多方联系与奔走，于5月1日成功从国内组织一批防疫物资抵达马尔代夫。从马尔代夫封国到第一批防疫物资运抵仅用了36天，为项目复工复产奠定了坚实的物质基础，更为项目全体人员战胜疫情打了一剂强心针、注入了稳定剂。

在疫情停工期间，谢袁将中外员工的健康安全系于一身，在项目领导班子以及全体党员共同努力下，累计组织20批次超过350名中方人员平安回国，无一例输入病例。同时，谢袁带领项目员工积极协助马尔代夫政府修建方舱医院，为当地医院捐赠防疫物资，受到当地政府和百姓的高度赞扬和尊重。

“凡心所向，素履以往，生如逆旅，一苇以航。”扎根海外13年，谢袁以爱岗敬业的精神，敢担当善作为的劲头，为企业发展做出了积极贡献。“我将立足本职，持续奋斗，以责任担当展现良好中资企业形象，让更多‘中国造’在世界闪光。”谢袁说。

孙　彬

中共党员

工程师

三十五年风雨兼程，他带领团队进军新领域、勇攀新高峰，用青春见证海上风电事业从零起步到蓬勃发展。

逐梦星辰大海
守梦风电时代

中交三航局宁波分公司副总经理。带领团队获得中交集团“品牌团队”荣誉称号。2016年，带领团队参与当时全国最大、结构形式最复杂的单体海上风电项目——响水海上风电项目建设，首次实施西门子4兆瓦风机整体安装技术，比合同工期提前88天完成55台风机安装。又参与了大丰风电、灌云风电等项目的建设，首创国内直径最大的6.45兆瓦风机单桩沉桩工艺。先后获得“全国工程优秀项目经理”“连云港市五一劳动奖章”、三航局“十佳项目经理”、三航局“十大标兵”等荣誉。

“既然选择了远方，便只顾风雨兼程。”风风雨雨三十五载，中交三航局江苏分公司昌邑海上风电项目部项目经理孙彬以晨钟暮鼓的工作热情、执着专一的工作理念，始终奋斗在一线。从三峡响水海上风电项目到山东昌邑海上风电项目，7年间，孙彬带领的团队探索海上风电项目建设，从最初的没有经验可循，一路摸索锤炼为如今海上风电领域敢为人先、敢打胜仗、勇攀高峰的专业管理团队，用优异的成绩获得认可。2022年，孙彬带领的团队和他本人先后获得中交集团“品牌团队”、中交集团“劳动模范”等荣誉称号。

事不畏难，责不避险

2015年3月，中交三航局江苏分公司中标三峡响水海上风电项目，该项目被誉为当时“全国最大的单体（20.2万千瓦）海上风电项目”，不仅是最复杂的海上风电项目，也是江苏分公司首个正式承建的海上风电工程，难度之大、责任之重令很多项目经理“望而却步”。这时，孙彬义无反顾地担负起三峡响水海上风电项目经理这一重任。

孙彬深知风电市场前景广阔，只有做“第一个吃螃蟹”的人，才能抓住机遇，为公司在市场竞争中赢得主动权。进场之后，他带领团队迅速组织施工策划，对工程的各个方面进行研判，制定合理的阶段性目标。由于是第一次承接海上风电项目，技术和经验都近乎为零，孙彬便带领团队成员向兄弟单位学习请教，请专家到项目上讲课。他们常常为了搞清楚一个

▲昌邑海上风电项目

安装细节，学习研究到凌晨。在他的带领下，项目在极短的时间内便步入正轨。为了充分利用有限的施工期，完成首批风机安装和并网发电的节点目标，孙彬和技术人员一起研究整体钢套箱型模板一次安装到位技术。为保证研究顺利开展，孙彬几乎全程为研究“保驾护航”，需要专家指导，他来请；需要零部要件，他联系。经过无数个日夜“死磕”，他们终于成功缩短了承台砼的模板安装及拆卸时间，为风机安装赢得了宝贵的时间。同时，在国内外无经验可借鉴的情况下，他们首次成功应用了西门子4兆瓦风机整体安装技术，比合同工期提前88天完成55台风机安装，为整个风场提前并网发电打下了坚实的基础。

朝督暮责，规行矩步

“这个项目是经验的继承和发扬，更要对今后的项目起到示范作用。”继三峡响水海上风电项目后，再次参建海上风电项目并担任项目经理的孙彬，从大丰海上项目一开工就要求全员树立品牌意识，不断摸索风电施工的管理模式，打造风电专业团队，为中交三航局海上风电品牌的创建提供支撑。

孙彬要求团队对待海上施工有无数个第一次的心态："每次沉桩都要当作第一根桩。"这是孙彬高标准、严要求的真实写照。项目部的总结会与寻常会议不同，只要参与现场施工的人员都可以畅所欲言，发表观点。"我们的团队有活力，善于动脑筋，敢于出谋划策，大家有一股不服输的劲头。"孙彬说。于是，项目部就有了多个典型施工案例，攻克了多个海上施工难题：项目部自主设计了独立稳桩平台，成功解决了锤击时重心偏移、桩基倾斜的问题；与设计院合作研究课题"升压站灌浆防止水下漏浆"，有效防止了溜桩；船机部门提前调遣与之匹配的工程船满足施工需求，为之后的沉桩工作提供了样板。

孙彬贯彻落实安全生产责任制，他强调："安全始终第一，越到最后一步，越不能掉以轻心。"2021年12月3日凌晨2点，江苏大丰港以东45千米的海面被黑暗笼罩，只有海浪在船边低语着。稳桩平台灯火通明，所有人员到位，按序施工、有条不紊，第一根桩用时48小时成功嵌入海底，比想象的顺利。但孙彬还是不放心，他看着桩锤缓缓落下，大伙解开钢丝绳将锤稳妥放好后，才回到船舱。

▼响水海上风电项目

▲响水海上风电项目

▌躬亲垂范，劳身焦思

“脑袋里想的都是工程。”回忆起那天的场景，孙彬透出一丝歉意，“本来说好第二天回家为女儿庆祝生日的，当天晚上组织项目部团队讨论完方案已是深夜。第二天一大早就跟着去了工地现场，错过了女儿的生日。”自从灌云海上风电项目工作组成立以来，孙彬作为项目负责人，经常“泡”在项目上，与家人聚少离多是常态。2020年春节，孙彬更是积极响应国家疫情政策号召，以身作则，留在项目部组织生产，舍小家为大家，既践行了疫情防控，又保证了工程实施。

孙彬一直以打造高绩效风电团队作为目标。他认为，高绩效团队需要高效运转的队伍，而管理下沉、指挥前移能有力保证高效率的实现。作为基层领导，在项目部的日常管理中，孙彬严于律己，率先垂范，每逢重要节点和窗口，他必定驻守现场和大家一起完成施工作业。从2020年年中到2021年，海上风电进入“抢装潮”，风机安装船机紧缺。为了尽快解决问题，保证施工进度，孙彬白天带着团队去考察，晚上伏案比选船机设备综合性能，在半个月时间里，组织对接和沟通谈判20余场，最终选定了效益和性能均较佳的船组，顺利完成了风机安装任务。

从三峡响水海上风电、大丰海上风电到灌云海上风电，孙彬以“不积跬步，无以至千里；不积小流，无以成江海”的实干精神，完成了一个又一个海上风电项目，成为蓝色大海上的追风者。这些都离不开他敬业的职业操守、强烈的事业心和责任感，更离不开他良好的项目管理能力、服务意识和与时俱进的开拓创新精神。

匠者，精于工，匠于心，品于行。孙彬将带领他的团队，守初心、担使命，御风而行，共同描绘中交海上风电事业发展的宏伟蓝图。

坚守非洲大地十九年，从现场工段长成长为项目经理，他将青春根植于“一带一路”，用责任浇灌中非友谊之花。

筑梦非洲

王　洋

中共党员

高级工程师

中交一公局集团海外事业部东非区域中心副总经理。2010年，担任一公局集团埃塞俄比亚亚的斯公司经理，积极探索公司属地化建设模式，推动公司中埃员工比例从1：2提升至1：7，为公司储备了大量优秀的国际化技能人才。2018年，负责的中国援建项目埃塞俄比亚河岸绿色发展项目，荣获ENR全球环境类最佳项目奖，入选中埃建交50周年纪念邮票图案，建设案例获评中国企业全球形象建设优秀案例。获得“国际杰出优秀项目经理”、埃塞总理府特别贡献奖、中国驻埃塞俄比亚大使馆“优秀共产党员”、一公局集团“疫情防控和复工复产基层党员示范岗”等荣誉。

19年青春岁月，19年坚守探索，他将梦想根植于“一带一路”，将“绿水青山就是金山银山”的绿色发展理念带到埃塞俄比亚。

埃塞俄比亚政府公认的优秀项目经理

2003年8月，王洋第一次背上行囊，怀着忐忑不安的心情，抵达远隔祖国万里的非洲大陆。当时的他从未想到，自己能在这个地方坚持19年。他与公司共同成长，见证着公司在埃塞俄比亚由传统的路桥领域着手，逐

▼埃塞俄比亚首都亚的斯亚贝巴环城公路工程

▲援埃塞俄比亚河岸绿色发展项目

步发展成包含公路、铁路、市政、房建、机场、工业园区等多领域发展的综合性承包及运营商。他也凭借不断的努力和钻研，从一名现场工段长成长为集项目质量、经营及安全管理于一身的全能型国际优秀项目经理。

他是公司指定的急难特项目经理第一人选，也是中埃高层认定的最佳项目经理，多次被当地业主授予最佳贡献奖。埃塞俄比亚总理曾表示：埃塞俄比亚需要王洋这样的项目经理。“把项目交到你手上，我们放心。”这也是我国驻埃塞俄比亚公参刘裕对王洋的肯定。

积极探索，搭建共融共建共享平台

任职一公局集团亚的斯公司经理期间，王洋积极推进属地化建设、主动践行社会责任，探索制定公司属地化建设方案，广泛从亚的斯大学等埃塞俄比亚知名学校选取近百名优秀毕业生加以培养，率先制定了“优秀雇员中国行”等系列奖励措施，为属地雇员提供了成长发展的平台。首批招聘的雇员现在已步入管理岗位，亚的斯公司也成为公司属地化平台公司。中埃人员比例从之前的1∶2发展到目前的1∶7，为公司节约了大量经济成本，也为属地培养了近万名行业精英，亚的斯公司被当地人称为埃塞俄比亚“技术工人”的摇篮。亚的斯公司综合办经理梅西，是公司10多年的老

▲援埃塞俄比亚河岸绿色发展项目夜景

员工，当有人问起这位前埃塞俄比亚著名模特是否后悔放弃模特工作时，她总是回应，非常开心能够同中交一起为国家做出贡献，如果让她再选一次，她还是会选择中交。

属地化要深耕，文化融入很重要。王洋主动联系埃塞俄比亚奥运长跑冠军——海尔·格布雷西拉西耶，与其一道在2004年举办了第一届亚的斯长跑接力赛，吸引了众多埃塞俄比亚长跑爱好者，也让中方员工近距离体验到埃塞俄比亚“长跑之乡”的魅力。至今赛事已连续举办18年。长跑参与者泽耶迪（Zeyede Tesfaye）说道：“自中交组织此项赛事以来，越来越多的青少年投入长跑训练，都表示要为埃塞俄比亚做出贡献，感谢你们的坚持。”

“走出国门，我们不仅代表企业，更代表中国”

作为中埃高层“钦点”的中国援建项目——埃塞俄比亚河岸绿色发展项目的经理，王洋以他多年境外项目管理经验和抓实抓细的作风，将“绿水青山就是金山银山”的理念落实到项目建设中，带领团队打造了埃塞俄比亚首府新地标，一座集景观、建筑、市政、道路、水利、园林多专业于一体的综合广场，让曾经污水横流的荒地重现生机，极大地改善了沿线民众的安居环境，提高了居民生活质量。

王洋亲自参与河岸绿色发展项目的每一项任务，面对复杂的交叉作业，他一项项拆解、优化，保障全流程质量。在项目实施阶段，他们更是遇到了前所未有的挑战，疫情、战乱等影响让原本工期紧张的项目变得更加艰难。王洋不惧挑战、身先士卒，每天奔波在一线，日行两万多步已经成为“标配”。为了让广场公园挡土花墙在保障质量的同时，兼具美观外形，他从现场划分了一段实验区，带着两名埃方园林专家，现场试验近百次，为的就是让中国方案完美呈现。面对施工困难段落，他全程参与指导，与一线人员并肩作战，废寝忘食的工作作风感染着团队的每个人。身边的同事总说：“每当想歇歇的时候，看到那个永不疲惫的身影，顿时就有了一股说不出的动力。”

历经11个月，河岸绿色发展项目圆满完工，最终获得了埃塞俄比亚总理府、中国外文局、国务院国资委、中国交建以及中国对外承包商会，美国*ENR*杂志多项表彰。2020年9月10日，埃塞俄比亚政府在新建成的友谊广场举办了新年庆典，总统萨赫勒–沃克在新年致辞中表示，河岸绿色发展项目代表了亚的斯亚贝巴的荣誉，所有埃塞俄比亚人民都为之感到骄傲。

王洋常说：“在境外干工程，我们代表的不仅是企业，更是中国形象，要干好，更要干漂亮。”19年初心不改，用心浇筑国际品质工程，用爱搭建中非友谊桥梁，他一直在践行着……

刘俊龙

中共党员
高级工程师

十九年初心不改，攻克贵瓮高速清水河大桥钢桥面铺装难题，提前半年实现通车目标，为企业高质量发展不懈奋斗。

拳拳赤子心　筑就精品路

中交二公局三公司副总工程师、茂湛项目经理。2015年，带领团队攻克世界最大的单跨板桁结合加劲梁悬索桥、亚洲第一山区钢桁梁悬索桥——清水河大桥钢桥面沥青混凝土铺装难题，助力贵州省成为西部地区第一个县县通高速公路的省份，为企业获得贵州省AA级信用评价。2016年，在贵州荔榕高速项目建设过程中，以“品质荔榕、生态荔榕、平安荔榕、放心荔榕”的建设目标为指引，优化施工组织设计，在设备引进、工序转换等方面大胆创新，高质量完成项目建设任务。获得“贵州省五一劳动奖章”、中交集团暨中国交建“劳动模范”等荣誉。

2002年7月，一个刚从学校毕业的年轻小伙子加入中交二公局。二十年如一日，以一颗拳拳赤子心，开启了他的悠悠精品之路。

勤学苦研突破技术关隘

"质量就是生命，工程必须做到最精最细。"这是刘俊龙常常挂在嘴边的一句话，他不仅是这样说的，也是这样做的。作为一个"80后"的项目经理，刘俊龙从业近20年，"精、准、细、严"是他高质量完成项目的不二法门。2015年，刘俊龙担任贵瓮高速路面2标项目经理，他必须在1个月内完成这座亚洲第一山区钢桁梁悬索桥的桥面铺装任务。然而，工期仅

▼荔榕路面项目

▲清水河大桥

仅是所有难题中的序曲。沥青混凝土与钢桥面如何很好地结合在一起，承受车辆的重载和车轮反复碾压的动载而不脱落，这个世界性难题才是真正的挑战。

不服输的刘俊龙暗暗憋着一股子劲儿，下定决心非要把这道难题攻克了不可。抱着这样的信念，他白天一有空就跟技术人员钻进试验室、拌和站里制备试件，反复试验；到了晚上，他就跟大家一起在办公室里分析试验数据和材料性能，常常边观看网络教学视频，边学习其他类似项目的施工经验，还挤出时间带领团队到多个钢桥面铺装项目进行实地考察、取经。功夫不负有心人，经过反复的试验分析，依据多次室内外对比试验的论证，刘俊龙最终确定了一套独特的钢桥面铺筑方案，不但有效改善了混合料的高低温性能，还提升了钢桥面铺装层的耐久性和品质。2015年12月31日，贵瓮高速公路通车仪式在清水河大桥上举行，贵州省在西部地区率先实现了“县县通高速”的目标。刘俊龙带领的贵瓮高速路面2标项目团队向业主、企业呈交了一份完美的答卷。

匠心如琢铸就品质工程

2016—2019年，刘俊龙担任荔榕路面项目经理。荔榕路面项目全线长67千米，桥隧比高达71.5%，路面摊铺工作面被桥隧分割得“七零八碎”，但刘俊龙的目标不降反升，要求必须建成平安工程、品质工程、绿色工程。

刘俊龙牵头制定了项目品质工程实施方案，全方位安排部署，并亲自监督方案落实情况。针对山区施工战线长、桥隧比例高、施工转换场次频繁的特点，优化设备配置，推行路面标准化施工，开展煤制气加热技术、水泥浆洒布车、矿粉加工设备等一系列微创技改。同时，项目与地方公安系统签订管制协议、给机械设备装上防撞装置和电子控速装置、在隧道洞口设置交通管制岗，“三重保险”给隧道摊铺“穿上安全防护服”，最大限度保障了员工的生命安全。如今，荔榕高速公路早已顺利通车，并荣获中交集团优质工程，刘俊龙也被评为荔榕高速建设“十大功臣”。

2019年，刘俊龙转战广东茂湛高速4标，带领团队创下了多个全线第一：全线第一根桩基、第一个墩柱、第一榀梁、第一个完成路基试验段……“要么不做，要做就做标杆。”刘俊龙做到了，茂湛项目自进场以

▼茂湛改扩建4标项目

来，多次获得建设单位劳动竞赛第一名，迎来了各方单位的观摩学习和交流。

宽严相济凝聚团队合力

“刘总非常严格，一个细节也不放过。”这是项目职工老田最深刻的印象。老田刚接手统计工作时，刘俊龙安排老田统计近1个月外租设备的油耗分析数据。当老田向刘俊龙汇报时，刘俊龙问了他三个问题，老田被问得哑口无言。刚开始，老田觉得“干活总感觉上气不接下气”。但一段时间后，他感慨道：“感觉自己一下子年轻了好多岁，现在处理事情一点也没有拖沓的现象，也有了自己的工作思路。”

但在项目职工老徐眼里，刘俊龙是一个知心、暖心的领导。记得2015年暑期，适逢项目沥青面层大干，许多职工家属带小孩来探亲。老徐的妻子和小孩也来项目探亲，老家只剩下患有高血压的70多岁的母亲。刘俊龙得知情况后特意安排，让老徐把母亲一起接到项目来照顾，叮嘱老徐带着母亲到附近的县医院做了体检。5年后，再次提起此事，老徐依然感动不已，说话的声调都变了。但问起刘俊龙时，他早已经忘记了这件事。

项目换了一个又一个，团队的人换了一批又一批，但刘俊龙带领的每个团队都凝聚一心，充满干劲，交出了优异的成绩单。“这个行业大家出门打拼都不易，职工的事就是项目的事，职工的难就是我的难。”他总是很谦虚地说，在打造精品之路上，并非自己一个人在努力，而是项目团队成就了他。他和团队成员也将继续打造精品工程，为企业高质量发展做出新的更大贡献。

孙亚鹏

中共党员

高级工程师

“十年青春献海外，百米高层展中交！”他带精英队伍，做精品工程，拓海外市场，树立了中交海外超高层建筑特色品牌。

树立中交海外超高层建筑特色品牌

中交三公局海外事业部临时党委书记、副总经理，中交三公局南亚分公司总经理。成功实施斯里兰卡汉班托塔香格里拉沙滩酒店项目，在南亚打造中斯员工协同合作的专业投标队伍，先后中标多个海外超高层建筑，签订合同额超过14亿美元。获得“2015年度鲁班奖工程项目（参建）特别荣誉”“2016—2017年度国家优质工程突出贡献者”、2020年中交集团第十一期国际工程商务管理高级研修班特殊贡献奖、中交三公局2019年度市场开发二等功、中交三公局2020年度市场开发一等功等荣誉。

5分钟、6小时和12年

凌晨1点到早上7点，这是完全属于孙亚鹏的6个小时。在这个时间段之外，他有着精确到分钟的时间表：当地时间早上7点起床，工作软件里立刻弹出国内积攒了一整天的工作消息；晚上10点钟忙完，国内刚开始上班。凌晨1点休息的时候，他的脑子里还满满当当地装着项目、图纸、报价、方案。

“几乎是24小时随时响应。”作为中交三公局海外事业部临时党委书记、副总经理，中交三公局南亚分公司总经理，孙亚鹏几乎能在5分钟内响应所有需要他决策的紧急需求。这样随时待命的海外生活，已是第12年。

“10年也是一瞬间。”孙亚鹏觉得恍如昨日。2009年，他被外派到斯里兰卡，承建当时世界上最大的板球场。这个项目受到了举国关注，要克服的难题却摆在眼前：道路破损，用水不足，连基本的城市用水卫生都无法保障。

筚路蓝缕，孙亚鹏带着三十几名员工迎难而上。他意识到，必须进行属地化建设和人才培养，才能充分发挥属地特色资源优势，降本提效。

“将外籍工程师的专业能力和中国工程师的统筹能力相结合，打造一支国际化、专业化的高水平项目管理团队。”中斯员工的协作既能发挥当地员工语言文化、社会关系和技术等优势，又提升了中方员工的统筹能力。

▲斯里兰卡国际板球场

从计算工程量到单价分析，从施工材料询价到专项分包商的谈判，从项目技术答疑到施工组织编制，他们逐渐游刃有余，在实战中成长为能打硬仗的专业团队。

2011年，板球世界杯斯里兰卡球场的观众席上，孙亚鹏和同事处于紧张的加班状态：留意板球场运行中出现的问题，时刻准备带着工人冲上去解决，直到最后一场比赛顺利结束。

临危受命的“救火队员”

过硬的项目能力给中交三公局带来了巨大的声誉，也带来了更加坚巨的挑战。2014年，斯里兰卡汉班托塔香格里拉沙滩酒店项目找到了孙亚鹏。这个项目原来由多家当地公司承建，已经严重延期。

项目千头万绪，处处卡点：“有技术能力的不懂标准，理解标准的又遇到了技术瓶颈。”孙亚鹏率先解决了坡屋面混凝土浇筑的技术管理。经过专家重新论证和工程师的精确测量，果断调整方案，完美控制了混凝土浇筑的尺寸，保障了后续施工。

随后，该项目的主体结构、装饰装修、高尔夫球场、室外景观绿化一一竣工。业主香格里拉酒店集团的负责人写来感谢信盛赞孙亚鹏："中国工程师真的了不起！"

顺利"救火"后，孙亚鹏带领的专业投标队伍陆续中标了科伦坡香格里拉二期、香格里拉三期，哈弗洛克城商业发展项目，科伦坡十五区临港公寓项目，马来西亚吉隆坡柏威年DCT2房建综合体项目等有地标意义的项目。

厚积薄发，荣誉纷至沓来。国际板球场项目荣获2015年度中国交通建设股份有限公司优质工程奖；汉班托塔国际机场项目荣获2015年度中国建设工程鲁班奖（境外工程）；科伦坡南集装箱码头项目荣获2016—2017年度国家优质奖。

"真家长""假爸爸"

在孙亚鹏年幼的孩子眼里，自己的爸爸只生活在电脑中。常年只能见到视频里的爸爸，让儿子忍不住跟妈妈抱怨："为什么人家的爸爸可以保护他，我的爸爸是个'假爸爸'？"孩子满心期盼着和爸爸一起去四川

▼斯里兰卡汉班托塔国际机场项目

▲斯里兰卡科伦坡香格里拉二期酒店及公寓项目和三期办公楼及商场项目

看大熊猫，可这趟计划了好几年的家庭旅行，却总因为孙亚鹏的忙碌一再落空。

每每想到这里，孙亚鹏的心里就不是滋味。虽然不想当儿子的“假爸爸”，他却成了海外团队的“真家长”，对每一个员工关怀备至。2019年4月，斯里兰卡突发爆炸事件，在国内出差的孙亚鹏得到消息后第一时间联系了当地员工，积极帮助员工协调解决宵禁时期生活上的困难。

“公司把这些人交给我们，我们就要对他们的吃、穿、住、行负责，关注他们的成长。”孙亚鹏形容自己对员工是“家长式”管理。疫情期间，他在严格执行防疫政策的同时，还努力缓解大家的紧张情绪，带着员工打球，一起吃饭谈心，甚至还惦记着给单身汉介绍女朋友。

这样一个事无巨细的“家长”，在工作中同样不遗漏任何一个角落，每个项目的进度都烂熟于心中。“敦促他们是不是该开会了，要不要调整，缺钱还是缺人。”走到哪里，视频连线的会议就开到哪里。

10年下来，孙亚鹏的团队已经培养出数位优秀的国际工程项目经理、总工程师、总经济师和海外开发精英。从30多人的管理队伍，成长为300多人的精锐之师。

孙亚鹏分管海外市场开发以来，成功开发的合同额累计约14.76亿美元，其中5000万美元以上的项目11个，1亿美元以上的项目5个。2021年，全球市场受到新冠肺炎疫情的影响，在海外开疆拓土变得阻碍重重，但他创新思路，与集团外平台公司合作，成功中标中交三公局海外单体合同额最大的项目——秘鲁利马三大区管网项目。2021年，中交三公局海外新签合同额达4.81亿美元，创下中交三公局海外市场开发最好成绩。2022年，他再度出发，从非洲到南美洲，从南美洲到亚洲，奔赴多国开展属地化实体公司组建及管理工作。

“我局的国际化升维发展战略，与习近平总书记共商共建共享的全球治理观相契合。”走在异国街道上，看着自己带领建设的项目，孙亚鹏总是会从心中生出难言的亲切感：“这些项目对于这个国家来说具有重大意义，可谓雪中送炭。”

刘　滨

中共党员

高级工程师

从津沽走向伶仃，从祖国奔赴异乡。二十五年寒来暑往，他潜心设计、逆行而上，用一张张蓝图绘就中交设计人矢志创新的模样。

绘就中交设计人矢志创新的模样

中交一航院专业总工程师、商务部援加纳渔港项目现场负责人。参与或主持百余项大型工程项目的设计工作；攻克砂质海床冲刷危害码头结构安全的技术难题。2020年新冠肺炎疫情在全球肆虐期间，前往加纳，带领渔港项目团队一手抓防疫、一手抓生产，保质保量按期完工，为企业国际化发展和“一带一路”建设贡献了力量。获得2016—2018年度中交集团“优秀共产党员”、2022年度中交集团“劳动模范”等荣誉。

素养就是价值

入职一航院25年来，刘滨矢志不渝地继承和发扬老一辈建港人不怕牺牲、勇于担当、技术报国、奉献社会的优良传统。作为港口工程结构设计方面的专家，他长期扎根一线，先后负责完成港珠澳大桥东西人工岛、江苏LNG项目接收站配套码头、首钢秘铁圣尼古拉斯新建码头、茂名博贺新港区防波堤工程等百余项大型项目的设计工作，并多次荣获国家和行业优秀设计奖。

近年来，刘滨主要从事海外项目的设计管理工作，平均每年出差200

▼中缅原油管道（缅甸段）三十万吨级原油码头工程

▲深圳LNG码头项目

天左右，负责的项目分布于非洲、东南亚、南亚、南美洲等条件艰苦、环境恶劣的地区。为掌握第一手港口设计资料，他不惜徒步穿越加蓬的原始森林，乘船考察哥伦比亚热带雨林中长达250千米的玛格达莱纳河，也曾在斐济和巴拿马经历地震袭来的惊险，还曾连续飞行30个小时、乘车12个小时到秘鲁马尔克纳现场进行考察。

作为国家“一带一路”建设的参与者和推动者，刘滨参与了全球几十个项目的技术投标、商务谈判和技术研究，以自己过硬的技术能力、丰富的工程经验、严谨的逻辑思辨能力，解决了许多重大的技术问题，为业主创造了可观的经济效益，得到各方的高度认可。在巴拿马邮轮码头工程中，他创造性地提出全直桩码头结构方案，被咨工评价为“有竞争力的”和“令人感觉舒适的”技术方案。

时间就是命令

2020年下半年，当新冠肺炎疫情还在全球肆虐的时候，一航院承担的中国援加纳渔港综合设施项目急需一名海外工作经验丰富的现场负责人。接到任务后，刘滨不辱使命，勇于担当，决定逆行远征加纳。但这次远

▲江苏滨海港10万吨级通用散货码头

行，对从事国际工程的老海外设计人刘滨而言格外不寻常。

2020年10月30日下午4点，在妥善交接好工作后，刘滨和妻子赶往医院看望母亲。就在几天前，他的母亲突然查出肾肿瘤，需要尽快手术。而此时，已经做好出国准备的刘滨，只能把自责和担忧埋在心底。病床上，慈祥的老母亲颤巍巍地紧握住他的手，殷殷叮嘱他安心工作，把国家的援建工作做好。当天晚上6点，刘滨到学校接备战中考的女儿回家。匆匆吃过晚饭后，晚上7点，刘滨告别妻女，牵挂着病床上的老母亲，赶往北京首都国际机场，奔赴一航院第一个全过程工程咨询项目——中国援加纳渔港综合设施项目。

担当就是责任

在驻守加纳的近2年中，项目所在地先后暴发了多轮疫情，看着每日1000多例新增病例的红色数字，项目部全体人员的内心异常紧张，且现场施工任务繁重，人员组成复杂，风俗习惯不同，疫情防控难度很大。为最大限度保证人员的生命安全和身体健康，项目部在刘滨带领下制定了严格的防控方案、完善的工作机制和网格化管理，并强化监督检查，狠抓各项防控措施落实到位，最终实现了项目部全体人员“零感染”的优异成绩。此外，他还以润物细无声的方式做好项目团队的心理疏导工作，保证了现场生产、生活正常进行，受到商务部经济合作局的多次表扬。

对一航院首个全过程工程咨询项目的负责人刘滨而言，中国援加纳渔港综合设施项目是一个全新的领域，没有成熟完整的项目经验可以借鉴。面对挑战，刘滨带领技术人员以“钉钉子”精神着手解决遇到的新问题。他一边进行调研考察，咨询渔业专家，一边发挥属地资源优势和一航院的技术优势，甚至在突发肾结石身体还未痊愈时他就把病痛抛之脑后，又一次全身心投入工作。功夫不负有心人，在刘滨团队的不懈努力下，最终该项目的设计成果不仅为业主节约了投资，还极大地提高了施工效率，为一航院下一步发展全过程咨询业务打下了坚实的基础。

“道阻且长，行则将至。”一次次出征、一次次洗礼，历经酷热和风雨，历经磨砺和考验。作为港口设计专家，刘滨怀揣理想，默默奉献，二十五年如一日，把爱国敬业转化为对交通港口建设事业的无限热爱与执着，为一航院及中交集团“国际化”和国家“一带一路”建设贡献着自己的力量。

▼赤道几内亚Bata港扩改建工程

谌宗文

中共党员

高级工程师

二十八年，岁月如梭，谱写了一名中交人爱岗敬业、初心不悔、勇于担当、砥砺前行的奋进之路。他始终坚守项目施工一线，主持、参与各类EPC项目管理。山谷中筑起的一座座桥梁，江海边耸立的一座座码头，见证了他对中交事业初心不悔的选择！

用不朽的工程
印证无悔的初心

中交二航院天津液化天然气二期码头工程项目经理。参建天津、广西等多个液化天然气码头工程。2016年，在中石化天津液化天然气（LNG）项目码头及陆域形成工程建设中，主张对取水箱涵基础原设计采用复合地基方案进行优化，改为桩基排架横梁结构，有效保证了水下箱涵工期及施工质量，使项目由计划工期120天缩短至80天，不仅大大节省了项目成本，更是提升了工程品质。获得“2021年度中国石化天津液化天然气有限责任公司先进工作者”荣誉称号。

优设计，精管理，品质工程树口碑

谌宗文常说的一句话是："优质的项目管理，既能节省项目成本，更能提升项目品质。"

为充分发挥设计在整个工程建设过程中的主导作用，有效克服设计、采购、施工相互制约和相互脱节的矛盾，谌宗文带领项目管理团队依据现场的实际情况和资源配置，协调施工和设计两方面，利用设计优化、技术

▼中国石化天津液化天然气（LNG）项目扩建工程二期码头工程

创新等手段，降低施工难度、加快施工进度、节约施工成本、优化项目实施过程。在2016年中石化天津液化天然气（LNG）项目码头及陆域形成工程项目实施中，谌宗文根据取水管实施过程的重要进度控制节点，考虑到基础结构的受力特性，他主张对取水箱涵基础原设计采用复合地基方案（PHC管桩+碎石垫层+模袋砼+土工格栅+二片石）进行优化，改为桩基排架横梁结构，有效保证了水下箱涵工期及施工质量。项目由原计划工期的120天缩短至80天，节省工程成本约100万元。考虑到原墩台施工方案采用水上搅拌船施工工艺，不仅施工成本高，受风浪影响大，而且存在一定的安全隐患。谌宗文通过与施工技术人员的充分沟通，加上水深较浅等有利条件，最终将墩台浇筑砼的施工工艺优化为临时栈桥加泵管方式，降低了施工风险，同时为施工单位在墩台浇筑方面节约施工成本50余万元。截至目前，谌宗文已主持实施完成二航院承接的3个中石化LNG项目，为二航院在中石化LNG系统内树立了良好的品牌形象和口碑。

勤学习，善总结，用心做好“传帮带”

从事EPC项目管理工作20多年，谌宗文始终保持着学习的心态认真对待每一个工程项目。“把每一次都当作第一次”是他不断鞭策自己进步的

▼中石化广西液化天然气（LNG）项目码头工程

▲中石化广西液化天然气（LNG）项目码头工程

座右铭。项目在哪里，他就在哪里学习。在不断汲取新知识的同时，他依托自身在EPC项目管理多年来的工作经验，不断总结，使其连成片、串成线，形成体系，提高了项目管理的理论知识水平，从而更好地指导实践工作。他结合天津LNG项目的EPC管理经验实际撰写的论文《强化项目管理，全面提质增效》，被纳入2016年中国交建港航疏浚“强化项目管理，全面提质增效”优秀论文集；主持并参与编制二航院多项总承包项目施工组织设计。“我一个人的力量是微不足道的，只有团队强了，项目才能干得好。”在项目管理过程中，他注重对项目中年轻技术人才的培养和指导，积极做好“传帮带”，利用工余时间同年轻人交流思想和工作动态，分享项目管理心得和经验，建立项目部“流动小书箱”，打造学习型项目部，创造条件鼓励年轻人加强学习、提升能力。在谌宗文的感召下，在其管理的项目团队中有5名青年员工通过一级建造师考试，1人通过注册安全工程师考试，为公司输送了一批高素质的项目管理人才。

舍小家，顾大家，多少牵挂在心头

中石化LNG项目，工期紧、任务重，检查频率高，作为项目负责人，谌宗文长期坚守工地，坚持带班作业，端午、中秋、春节均留在项目现场度过已是家常便饭，年休假更是基本没有休过。工作这么多年来，谌宗文与家人团聚的时间少之又少，老人生病，他无法贴身照料；孩子中考、高考，他都无暇陪伴。谈起这些，他的语气中总是充满歉疚。特别是2021年春节期间，为响应业主提出的加快燃气基础设施建设的号召，谌宗文主动放弃休假，冒着天津零下十几摄氏度的严寒，坚守项目一线现场加班加点，作为家中长子，他甚至没来得及赶回去与病重的母亲见最后一面。面对这些，他从没有向组织抱怨过，依然数十年如一日地奋战在工作岗位上，犹如他参加工作的第一天那样爱岗敬业，坚定履责。

由谌宗文现场负责的广西LNG项目和天津LNG一期项目已全部竣工，两个项目均被评为“中石化优质工程”；天津二期项目被评为“中交集团平安工地”；项目管理团队荣获“全国交通行业优秀质量管理小组”称号；他本人也多次被业主评为“QHSE管理先进个人”。

陈　彬

中共党员

高级工程师

十几年如一日坚守在西藏生产经营一线，扎根高原默默奉献，深耕细作开拓市场，用青春汗水谱写着新时代中交人的责任担当。

在雪域高原谱写中交人的责任担当

中交一公院岩土公司副总经理、西藏分院院长。2004年参加西藏项目建设，3年时间里始终坚守在“生命禁区”。2012年再次奔赴青藏高原，深耕西藏公路勘察设计市场，“十三五”期间，签订合同额约50亿元，主导的项目多次获得省部级优秀勘察设计奖。2021年，带领团队中标拉萨市北环西延线项目和雅下水资源开发配套工程2个重点项目。获得2021年度中交集团“优秀市场经营工作者”、中交集团“劳动模范”荣誉称号。

他有一颗初心叫坚守，用实际行动彰显了中国共产党党员的先锋本色。

他有一份执着叫坚韧，用青春的汗水诠释着新时代中交人的责任担当。

他有一种情怀叫传承，用坚定信念赓续着中交集团与西藏各族人民之间的深情厚谊。

他就是中交一公院岩土公司副总经理、西藏分院院长陈彬——奉献交通十九载，扎根高原十四年，为集团在西藏打造交通建设“王牌军”地位献计出力，在平凡的岗位上用实干书写了不平凡。

不忘初心甘奉献，砥砺前行勇担当

2004年，刚走出大学校门的陈彬就怀揣着一片赤诚之心，主动投身交通事业。

国道317线西藏妥坝至昌都段地质病害整治工程，是陈彬就职后参与的第一个项目。面对高寒缺氧、条件艰苦的工作环境，他既要做现场设计，又要指导现场施工。

抱着“完成好工作”和“多学一些东西”的想法，他常独自拿着图纸、抱着笔记本，沉浸于坐标参数计算，同事在身旁观摩良久却不知；他常虚心请教身边人、阅读专业书籍，实现理论与实践相融合，逐渐掌握了公路勘察设计的精髓……寒来暑往，春去秋来，陈彬一待就是三年，成为

▲拉日高速公路

坚守项目时间最长的人。

“这段经历是我人生中的一笔宝贵财富，为我今后的发展打下了坚实基础。”他说。

随后的两年，经过具体业务工作锤炼，陈彬自身综合素质得到全面提升。2009年，他重新定位自己，再次整装出发，为贯彻落实公司发展战略而马不停蹄地奔赴市场开发一线，任重庆办事处主任。业务跨度虽大，但对他来说，不同岗位丰富了他看待问题的角度，扩大了眼界，提升了格局。

沉着应变、举一反三，是陈彬在渝工作期间体现出的另一种品质。他常常总结现阶段干成了什么、有何成功的经验，思考下一步的目标是什么、需要干什么并付诸行动，从而成功搭建了公司与重庆高速集团合作共赢的桥梁。

深耕细作辟疆土，守正创新拓市场

路，于西藏而言，是改变、是希望。

交通，于陈彬而言，是机遇、是责任。

▲青藏高速公路

自2012年年底起，陈彬再度入藏，全盘负责市场开发工作。头几年，是他最忙碌的时候。

为践行“经营是龙头、技术是核心、质量是生命”的市场开发理念，陈彬一边“实战”，一边“带兵”，在项目策划、经营、生产等环节都事必躬亲、以身作则，“白天对接跑项目，晚上加班搞业务”成为常态，足迹几乎遍布西藏。

为解决发展掣肘问题，陈彬积极与公司沟通，通过竞聘、招聘的方式广纳贤才，成功打造了一支经营有策略、管理有方向、生产有措施、技术有实力的先锋队，团队由4人壮大到24人；通过制度建设促进企业规范化管理，成功将西藏分院从“经营窗口单位”建设成“集生产和经营为一体的综合机构”，全面参与西藏交通运输事业顶层设计，为公司服务祖国边疆建设提供了诸多机遇。

为全面贯彻落实公司“多元化业务”发展战略，陈彬坚持以公路勘察设计为抓手，全力推动业务延伸到公路建设全产业链，相继实现市政工程勘察设计、绿化施工等多项业务的“零的突破”。

据统计，仅“十三五”期间，西藏分院新签合同近50亿元、回款达10余亿元，为中交一公院在西藏高质量发展提供了硬支撑，稳固了公司在西藏交通勘察设计行业中的龙头地位。为此，陈彬荣获2021年度中交集团暨中国交建“优秀市场经营工作者”的称号。

党建引领聚合力，共建共赢开新局

火车跑得快，全靠车头带。西藏分院各项工作“节节高”的背后，离不开陈彬对党建工作的重视。

他告诉记者，每当经过矗立在拉萨河畔的“川藏青藏公路纪念碑”时，他的脑海里总会浮现第一代中交人参与“两路”建设时逢山开路、遇水搭桥的情景。“4·25”地震发生后，公司入藏开展灾情抢险和灾损评估工作的有关专家、技术人员，不讲条件、义无反顾的家国情怀，让自己深受触动。

自此，“以信仰之光激发奋进之力”成为他长期钻研实践的课题。

从周会、月会等例行会议提质增效，到前沿项目临时党支部成立；从组织红色教育主题党日活动，到开展党风廉政教育月活动；从参观江孜宗山抗英爱国主义教育基地，到瞻仰错那对印自卫反击战指挥所旧址……红色基因，正沿着“两路”一脉相承。

从如同“大动脉”的高速公路、国省干道，到作为“毛细血管”的农村公路；从车水马龙的市政道路，到急难险重项目现场；从海拔最高的进藏战略通道，到全国最后通公路的甘登乡等国家战略项目……都有陈彬团队付出心血汗水、贡献青春智慧的身影。

在陈彬带领下，西藏分院连续三年获得公司优秀分支机构的殊荣，其团队也多次获得集团和公司“青年突击队”“先进基层党组织”“党员突击队”等荣誉称号，他主持完成的项目多次获得省部级优秀勘察设计奖项……

“我服务于西藏交通，西藏交通成就了我。”回首望去，陈彬感慨万千，“我将永远以一颗对党的忠诚心、对人民的感恩心、对事业的进取心，建设更多团结线、幸福路，当好‘两路’精神和‘老西藏精神’的传承者、实践者、弘扬者。”

科研攻关

一直在战斗，不断在突破！他们不畏困难，刻苦钻研；心无旁骛，奋力攻坚。他们为中交发展上下求索、孜孜不倦，在科研攻关的浪潮中逆流而上、踏浪而行！

潘　伟

中共党员

教授级高级工程师

他始终以奋斗者的姿态奔跑在勇攀科技高峰的路上，参与编制《港口施工手册》英文版，向世界输出“中交标准”；鏖战中老昆万铁路，带队援建长春方舱医院，在“一带一路”建设和抗疫一线中彰显使命担当。

打造核心科技
护航超级工程

中交一航局副总经理、总工程师。组织研发以外海深水超大沉管安装成套技术及装备为代表的一批行业乃至国际领先技术，以及以自航式浮运安装一体船为代表的核心装备，并在深中通道、大连湾海底隧道等工程中成功应用；牵头组织《水运工程质量验收标准》等48项行业规范、技术规程、施工规范、团体标准的编写工作；按时完成方舱医院建设任务，助力打赢疫情防控阻击战。先后获得2009年中国交建科学技术进步二等奖、2010年第二届“全国优秀建造师”“2014年度全国工程建设质量管理先进工作者”、茅以升科学技术奖建造师奖等荣誉。

时光变迁，岁月无痕，潘伟从一名基层技术工作者，成长为全国优秀建造师和全国工程建设质量管理先进工作者，靠的是数十年如一日的认真执着和不断求索。他在科技的纬度里，行云流水，大破大立，不畏浮云遮望眼。他在智慧的天地间，潜行深海，高扬风帆，擦亮中交金字招牌。

打造核心科技，勇攀科技高峰的“先行者”

2018年，潘伟从国家重大战略工程大连湾海底隧道项目调任中交一航局副总经理、总工程师。他敢于创新、勇于钻研，坚持“科技引领、支撑履约”的理念，组织研发了以外海深水超大沉管安装成套技术及装备为代表的一批行业乃至国际领先技术，以自航式浮运安装一体船为代表的核心装备，在深中通道、大连湾海底隧道等工程中得到成功应用。其中，自航式浮运安装一体船及施工成套技术的研发与应用获评中施企协工程建设10项新技术，进一步证明了科技创新成果的先导性、创新性、推广性；高桩码头结构无损检测及维护设计技术等17项成果获省部级科技进步奖。同时，他依托中交集团首批现代产业链（沉管隧道）链长单位优势，为一航跨海沉管隧道品牌提供有力的技术支撑，受到中央媒体高频次深度报道，有效扩大了中交品牌影响力。近3年以来，在他的主导和推动下，一航局共获得鲁班奖4项、詹天佑奖4项、国家优质工程奖11项、省部级科技奖47项，授权专利845项，省部级工法24项。

严抓技术质量，筑造“中交标准”的践行者

如果说“使命必达”的责任心是潘伟攻坚克难的利剑，那么“追求卓越”的创新力就是他科技强企的法宝。潘伟倡导建立“科研、技术、质量”三位一体的管理体系，重点强化项目安全、质量、成本等全要素的风险预判，开展项目全生命周期技术质量督导。其中，大连湾海底隧道基床整平及浮运安装专项施工方案等7项技术成果获评中交集团优秀技术成果；深中通道获评中交集团技术管理示范项目。他牵头开展了《水运工程质量验收标准》等48项行业、地方和团体标准的编写工作，完成了35项“新双标”的全面修编，打造了涵盖不同业务领域、不同环境条件的标准体系范本，持续扩大行业影响力。

2020年，潘伟参与编制的《港口施工手册》英文版成功出版，全面、系统、准确地总结了半个多世纪以来中国港口工程施工的发展历程，科学系统地展示了我国港口施工的领先成果，向世界港口施工行业输出中交标准，为助力世界港口建设和造福蓝色海洋经济发展做出了巨大贡献。

▼大连湾海底隧道和光明路延伸工程

▲中老铁路玉磨段

驻守玉磨铁路，勇当“一带一路”建设者

亘古浩瀚滇南，连绵十万大山，热带林莽中的玉磨铁路（中老铁路玉溪至磨憨段），穿越磨盘山、哀牢山、无量山，跨过阿墨江、把边江、澜沧江。其中，一航局承建的第19标分布在澜沧江的断裂带上，堪称全线地质条件最差、施工难度最大的标段，集结了软岩大变形、顺层偏压、突泥涌水等一系列隧道施工难题。

面对“一带一路”建设的前沿工程——中老铁路项目现场施工难解决的技术“硬骨头”，潘伟第一时间奔赴施工一线，深入细致地统筹规划技术方案，仔细研究施工技术难点。他长期驻守，带领参建职工克服重重困难，砥砺琢磨，在崇山峻岭中鏖战。1800多个日夜，累计行程37000千米，167座隧道全部贯通，以潘伟为代表的中交建设者用誓言和担当，用热血和汗水完成了“友谊、科技、绿色、开放”的中老铁路建设。

援建方舱医院，勇做疫情防控“逆行者”

2022年3月初，北国春城的雪尚未消融，新一轮新冠肺炎疫情悄无声息地暴发了。面对快速攀升的确诊病例，长春告急。国务院国资委迅速安排中交集团驰援，在最短时间内建设一座防疫隔离点。

一航局立即组织紧急视频会议，了解项目情况，明确了依托长春在建项目统筹，采购中心考察调集各地物料，以三公司为建设主力，二公司、五公司协调资源，工贸公司确保防疫物资供应的援建体系。当晚，潘伟所在的援吉建设领导小组几乎一夜未眠，不断规划现场情况。

疫情就是命令，防控就是责任！面对时间紧、任务重等种种不利因素，潘伟第一时间带队奔赴吉林长春抗疫一线，一场分秒必争的战役正式打响。在这片近10万平方米的土地上，潘伟带领一航局工作组临时党支部举行“五日会战、决胜春城”援吉抗疫劳动竞赛暨党员突击队授旗仪式，成立党员突击队、党员示范岗、青年突击队，吹响决战号角，在方舱医院建设中与时间赛跑，全力确保按时完成方舱医院建设任务，助力打赢疫情防控阻击战。

张永涛

中共党员

教授级高级工程师

二十多年如一日，他矢志创新，攻坚克难，把争科技领先刻进了骨子里，注入二航桥品牌，写进中国桥梁大国名片，兑现了科技报国的青春志向。

桥梁科技高峰的攀登者

中交二航局副总经理、总工程师，中交集团青年专家委员会副主任，桥梁首席专家。牵头完成5项国家级课题、22项省部级课题，首创桥梁工业化建造全过程自适应几何控制理论、方法、精度与体系，发明桥梁构件全自动化预制安装技术及智能装备，研发出桥梁构件现场柔性工厂建造技术与智能装备。主编行业标准10项，享受国务院政府特殊津贴专家。获得国家科技进步奖2项、省部级科技进步奖30项、“交通青年科技英才”、茅以升桥梁青年奖、“交通运输行业中青年科技创新人才”、中国公路学会“百名优秀工程师”等荣誉。

天堑变通途，架起一座座连接深山峡谷、跨越江河湖海的大桥，是许多中国建桥人最执着的梦想，也是张永涛矢志不渝的追求。在科技创新的最前沿，在桥梁工程建设的第一线，张永涛始终坚守爱国奉献精神，秉承艰苦奋斗品质，为中国由“桥梁大国”向“桥梁强国”转变做出了积极贡献。

勤学习，勇探索，带领团队实现技术的零的突破

“中国人要造出世界上最好的桥”，是青年张永涛的志向。2000年7月，张永涛从同济大学桥梁工程专业毕业后，加入了中国建桥“梦之

▼世界首座远洋深海珊瑚礁地质特大跨海桥——援马尔代夫中马友谊大桥

▲横琴二桥

队”——中交二航局。从中国第一大跨径的组合型桥梁——润扬大桥开始，他把项目现场当作创新战场，从学习混凝土振捣、钢筋绑扎做起，不放弃任何学习成长机会，逐步掌握了大跨桥梁基础建造技术，形成了创新思维，工作不到一年就担任了锚碇分部副经理。精益求精、开拓创新、迎难而上是张永涛对待工作的态度，他不断查阅资料以解工作中的困惑，书上找不到答案便去请教行业里的专家大师，结合理论知识反复进行论证。2003年，他带领技术团队从0到1，开发了具有二航特色的悬索桥施工成套技术，实现了大跨悬索桥上构施工技术零的突破，支撑了千米级悬索桥——阳逻长江大桥的建设。

甘奉献，敢挑担，带领新团队建设“世界桥梁上的皇冠”

当一个人全身心地投入事业时，他的生命图谱必然更加绚丽。2005年，张永涛担任了苏通大桥施工控制负责人。如果说苏通大桥是世界桥梁上的皇冠，那么施工控制技术就是皇冠上的宝石，它不仅涉及复杂的工程理论，还涉及复杂的技术体系和组织管理。因此，苏通大桥集中了当时世界上顶级的桥梁公司、科研院校和一大批世界顶级专家。张永涛敢挑“最重的担子”，敢啃“最硬的骨头”，凭着一股“初生牛犊不怕虎”的劲，带领创新团队，创建了千米级斜拉桥施工控制理论和体系，高精度地建成了苏通大桥，创新成果一举达到国际领先水平。苏通大桥控制咨询方COWI咨询公司赞叹道：“中国工程师完美地建成了一座足以值得全体中国人骄傲的世界大桥。”

建体系、搭架构，助力中交智造 走出国门走向世界

无论经历多少困难和挑战，张永涛永远在科技创新的最前沿，始终与企业发展同频共振。面对桥梁领域科技创新的风起云涌，以张永涛为首的团队共同创建了以“工业化、数字化、网络化、智能化”四化发展及“产业链、创新链、价值链”三链融合为特征的桥梁工业化智能建造体系，并成功中榜中交集团揭榜挂帅项目“桥梁工业化智能建造关键技术研究及产

▼武汉二七长江大桥

业化示范（一期）”，对培育中国桥梁核心竞争能力，带动中交智造走出国门、走向世界具有重要示范作用。

既要低头拉车，也要抬头看路；一花独放不是春，功成不必在我。在担任中交二航局技术中心主要负责人后，张永涛始终在苦苦思索“虽然领先一步，如何领跑一路”。他积极探索管理创新，带领管理团队克服各种难以想象的困难，打造出包含“科技研发、技术服务咨询、创新平台发展、高端人才培养、高端技术交流、国际标准研究”六位一体的创新运行架构。他一直关心着科技人才的培养与梯队建设，鼓励和引导青年人才将个人价值与企业发展大业、国家发展大局紧密联系在一起，构建了“四位一体”的人才培养体系，全面推行人才成长“双通道”制度，打造专业化团队，全面激发人才创新活力，培养了一批技术骨干。如今他们早已成为中交二航局桥梁建设领域的中流砥柱，使中交二航局科技创新品牌开始蜚声业界。张永涛及其创新团队也成为世界顶级桥梁会议的常客，先后获得交通运输行业重点实验室评估优秀实验室、交通运输行业十大创新平台、交通运输行业科技创新团队、中交集团“十大优秀科技创新团队”“湖北省双创战略团队”等荣誉；先后为中交二航局培养中层领导人员12人，输送重大项目总工程师31人及各级技术骨干80余人次，有27人次获得交通运

▼武汉鹦鹉洲长江大桥

输部“中青年科技创新领军人才计划”等荣誉称号。2022年，技术中心在全国1744家国家企业技术中心评价中位列第三，受到行业瞩目。

张永涛用自己的不懈努力和满腔热情，在平凡的岗位上熠熠生辉，展现出一名劳动模范应有的风采。无私忘我、精益求精，是所有熟悉张永涛的人对他最深刻的印象。在工作以来的22年里，张永涛从项目现场到科技攻关一线，再到领导岗位，为实现科技报国、科技强企，始终保持着“越是艰险越向前”的奋斗姿态。出差对于张永涛来说已是家常便饭，他觉得出差时枯燥漫长的旅途是最好的思考机会。他会随身带着小笔记本和笔，小笔记本上写满了密密麻麻的文字和符号，记录着他想到的创新点和工作思路，只有常有所想，才能换来“灵光一闪”。张永涛经常工作到深夜，每天工作十几个小时，休假更是一种奢侈，他一周只给自己安排7个小时的自由支配时间，所有任务以半个小时为单位划分，因此理所当然地被同事冠上了“工作狂人”的名号。而他却淡淡一笑，因为他知道，在我国迈向制造强国、科技强国的新时期，作为科技工作者，“等不得、慢不得、拖不得，更没有退路”。

二十多年如一日，张永涛把争科技领先刻进了骨子里，注入了二航桥品牌，写进了中国桥梁大国名片，兑现了“中国人要造出世界上最好的桥”的青春志向。

范志宏

中共党员

教授级高级工程师

长期从事工程材料与耐久性研究工作，获国家科技进步奖1项、省部级科技进步奖11项，支持了港珠澳大桥、深中通道等重大工程建设。

十八载风华谱写匠心传奇

中交四航局研究院副总工程师、中交集团建筑材料重点实验室主任。2009年，参与港珠澳大桥建设，实现基于可靠度的耐久性设计方法在国内交通基础设施的首次应用，并被纳入了交通运输行业标准。2016年，参与全长5035米深中通道的沉管隧道建设，攻克了满足脱空控制要求的自密实混凝土制备与质量控制技术难题。先后获得首届中国航海学会青年科技奖、“交通运输行业重点科研平台创新人物”“广东省杰出青年岗位能手”“广东国资委优秀共产党员”、中交集团暨中国交建“劳动模范”等荣誉。

“骐骥一跃，不能十步；驽马十驾，功在不舍。”自2004年入职中交四航局研究院以来，范志宏始终坚守工匠初心，勇挑使命，先后主持和参与国家级、省部级科研项目27个，开展港珠澳大桥、深中通道工程等重大工程的技术攻关50余项，跨越了一座座大山，攻克了一个个难题，一步步成长为中交四航局一级技术专家、“中交集团青年岗位能手”“广东省港珠澳大桥材料腐蚀与工程安全国家野外科学观测研究站学科带头人”“中交集团暨中国交建劳动模范”，用实际行动谱写着四航人科研攻坚的匠心传奇。

▼广州市车陂隧道混凝土浇筑

匠心传承，薪火相传守初心

实际海洋环境下的耐久性研究是中交四航局研究院科研工作的一大亮点，也是交通运输部水工构造物耐久性技术重点实验室的核心研究内容。初出茅庐的范志宏很快就接到了第一个工作任务——参与华南湛江海洋暴露试验站的维护升级工作。对于职场新手的他来说，这是一次全新的挑战，一个人在现场既要跟踪维护维修进展，又要统计试件信息，核实摆放位置和标记完整性。经过2个多月的紧张工作，范志宏顺利完成试验站维护升级工作，为湛江暴露试验站沿用至今打下了良好基础。

牛刀初试不仅让范志宏褪去了书生稚气，也极大地激励了他的信心。他深深理解了暴露试验工作的不易和研究数据的宝贵。此后，他主动承担起暴露试验工作，组织开展了80多种材料近2000块暴露试件的成型和跟踪测试工作，设计了暴露试验管理系统，建立了标准化管理制度，并且通过定期取样测试，获得了上万组实际海洋环境下的工程材料暴露试验数据，这些数据是工程耐久性研究的基础，支撑了交通运输行业标准《水运工程结构耐久性设计标准》和国家标准《混凝土结构耐久性设计标准》等标准规范的制定及修订。

▼深中通道项目钢壳沉管

▲深中通道项目钢壳沉管预制

然而，这些成就远不能满足范志宏的求知若渴。为了进一步规划研究布局，最大限度发挥优势，继续形成高水平研究成果，中交四航局研究院启动工程构件的原型观测研究，作为暴露试验研究的延伸和扩展。这一次，范志宏主动请缨，承担野外观测网建设实施的具体工作。经过6年的努力，依托山东日照、浙江舟山、广东湛江、海南海口等海港码头和港珠澳大桥、泉州湾跨海大桥、南沙大桥等跨海、跨江桥梁工程，建立了工程实体构件的耐久性监测平台，构建了全国范围的海洋工程材料基础研究网络，为建设国家野外观测研究站和交通运输行业野外科学观测研究基地奠定了坚实的基础。

厚积薄发，科研攻坚担使命

多年的经验沉淀，使得范志宏成为中交四航局研究院耐久性研究工作的领军人物。基于良好的暴露试验工作经验，范志宏主持了港珠澳大桥暴露试验站、浙江舟岱大桥东海海域暴露试验站的设计、建设和运营工作，尤其是举世瞩目的世纪工程港珠澳大桥动工建设，又一次将他推到了工程一线。从2009年开始，范志宏即参与大桥建设，围绕混凝土结构120年设计使用年限耐久性保障开展技术攻关，从工程初步设计阶段开始，直至整

▲深圳盐田港

个工程建设完成，全程参与了工程耐久性保障的研究和实践工作，建立的“港珠澳模型”获得了国际认可。

港珠澳大桥科研任务圆满结束后，尚来不及休息，范志宏和他的团队便转身投入了深中通道工程建设。这是我国首次采用钢壳混凝土组合沉管的隧道工程，钢壳沉管规模世界最大。如何控制钢壳自密实混凝土的浇筑质量对于保障工程顺利开展至关重要。范志宏在大量室内试验研究基础上，先后开展现场长距离泵送模拟试验和不同比例尺的模型试验，研究自密实混凝土的工作性能变化，带领团队针对混凝土性能评价技术、施工过程混凝土质量波动控制技术、混凝土泵送损失等方面开展系统研究，攻克了封闭仓格满足脱空控制要求的自密实混凝土制备与质量控制技术难题，在深中通道钢壳管节预制生产中得到全面应用。

艰难困苦，玉汝于成。18年风华，范志宏秉持科学务实的工作态度，坚守科研创新初心，在科技创新的道路上风雨兼程，先后获得国家科技进步奖二等奖1项、省部级科技进步奖11项，并获得中国交通运输协会科技创新青年奖、广东省材料研究学会青年科技奖、“交通运输行业重点科研平台创新人物”、首届中国航海学会青年科技奖、“广东省杰出青年岗位能手”等荣誉，用实际行动讲述了四航局科研事业者对工作的无限热爱。

张晴波

中共党员

教授级高级工程师

以振兴民族疏浚产业为己任，为突破技术瓶颈和国外技术封锁，刻苦钻研，坚守理想与信念，始终在疏浚和生态环保领域默默耕耘、努力探索，践行着环保疏浚领域的美丽中国梦。

争做疏浚行业楷模

中交疏浚副总工程师、科学技术与数字化部总经理，疏浚技术研究中心党委书记、总经理、总工程师。研究河湖环保疏浚与底泥处理处置成套技术装备，形成了生态环境部环保疏浚工程技术指南；带领团队研制建成国际上规模最大、试验设备设施最齐全的疏浚研究试验基地。先后主持完成国家级、省部级重点研发项目22项，发表论文、论著15篇，拥有专利30余项。获得国家级、省部级奖项14项；获得2019年度国家科学技术进步奖特等奖、“科技创新领军人才”等荣誉。

勇担使命，积极推动疏浚技术研究中心建设

习近平总书记指出："科技创新是核心，抓住了科技创新就抓住了牵动我国发展全局的牛鼻子。"作为企业管理者和技术带头人，张晴波始终坚持带动和提升我国疏浚行业整体技术水平的初心与使命。2012年以来，为了打破国外疏浚技术壁垒，推进水运交通及疏浚业技术进步和产业结构转型，实现关键疏浚装备的自主化、国产化，张晴波勇挑重任。针对疏浚专业多学科交叉，国内未设大学专业教育，疏浚技术人才缺乏，疏浚研发起步晚、基础薄弱的痛点，张晴波逐步完善内部培养体系，最终组建了6

▼祥符荡水域治理

▲祥符荡水域治理

个科研所室、近100人的专业研发团队，并探索和创新科研单位自主运营模式。从基础研究、前瞻性研究到应用研究，再到产业化三个层面的科研和转化团队，产研互动，良性循环，努力推动疏浚行业全产业链的发展。另外，张晴波带领团队主持申报疏浚技术装备国家工程研究中心创新能力建设项目，并成功获得国家发展改革委和交通运输部批准，研制建成世界上规模最大、试验设备设施最齐全的疏浚研究试验基地，大幅提升了我国疏浚研发能力，并始终坚持开放共享的原则，将研究中心打造成为国内外科研条件、设施共享和交流的平台。推动与疏浚界顶尖的荷兰TUDELFT开展科研合作，共同设立前瞻性课题，联合培养青年人才，使中国疏浚业获得更多国际同行的认同。

履责尽职，带领团队勇攀科学技术高峰

近5年来，张晴波通过对标世界一流疏浚研发机构，分析疏浚技术装备研发方向和途径，带领团队分析研究我国疏浚行业技术发展路径，提出在疏浚自动化、智能化方面率先赶超世界先进水平，并带动工艺、装备技术提升的发展战略。他锲而不舍，带领团队勇攀科学技术高峰，完成

▲祥符荡水域治理

国家级课题3项、省部级重大研发任务10余项、其他课题数十项，在工艺机制、装备机具、智能系统、泥土利用等方面成果丰硕，带动了产业链发展。其中，张晴波作为“海上大型绞吸疏浚装备的自主研发与产业化”项目的主要完成人，获得2019年度国家科技进步特等奖，为我国成为世界上少数几个掌握疏浚装备研究、设计和建造核心技术的国家做出突出贡献。

担当作为，积极推动科技创新发展

张晴波一直刻苦钻研，不断探索，在疏浚机制研究方面取得的成果，补齐了我国疏浚业在应用基础研究方面的短板，助推我国成为世界上少数几个掌握大型疏浚装备研究、设计和建造核心技术的国家之一，使大型疏浚装备完成从依赖进口到商务部出口管制的巨大转变。研究河湖环保疏浚与底泥处理处置成套技术装备，形成了生态环境部环保疏浚工程技术指南，引领了我国环保疏浚技术的发展。智能疏浚等前瞻性研究成果，引领我国疏浚行业从并跑逐步向领跑转变。这些成果提升了我国疏浚技术水平，以及我国疏浚企业在国际市场上的竞争力，有力支撑了“中国港”的世界品牌地位。相关成果在远海岛礁建设、长江下游深水航道建设、太湖水环境治理、“一带一路”沿线国家港口航道建设等重大工程中发挥关键性作用。

作为一名科研探索者，张晴波不忘初心、牢记使命，将获得的荣誉既当作鼓励，又当作鞭策，带领团队不断坚定信心，以更昂扬的斗志、更有力的举措、更务实的作风，为助力集团打造成为“科技型、管理型、质量型”世界一流企业贡献着自己的力量！

田会静

中共党员

高级工程师

勇于担当、甘愿奉献，她用5年坚守打造“千年之城”首个生态清淤工程BIM样板；善于创新、不惧挑战，她以“红旗”精神开创企业数字化建设新局面。

净无止“静”

中交天航局生态环保院副总工程师、数字中心副主任。参与“天鲸号”等船舶疏浚技术研究、白洋淀生态治理规划等重大工程。先后获得中交疏浚集团“先进科技工作者”“劳动模范”、中国交建“最美家庭”“五一巾帼标兵”“五一巾帼奖章”“劳动模范”、中施企协BIM技术专家、天津市“三八红旗手”、天津市“三八红旗手标兵”、天津市“建功立业最美家庭”“全国最美家庭”“全国五好家庭”等荣誉。

“一望湖天接杳茫，蒹葭杨柳郁苍苍。”从“乱草丛生、杂物横浮、水浑鱼瘦”到如今“碧波荡漾、荷塘苇海、鱼鸟天堂”，“千年之城”雄安新区的变迁中写满了她的故事。2017年，中交（天津）生态环保设计研究院的田会静作为中交疏浚首批白洋淀治理规划“专家营”唯一代表，第一时间入驻雄安新区，开展《白洋淀生态环境治理和保护规划及实施方案》设计系列工作，为“华北明珠”建设交出了满意答卷。

坚守梦想，打造雄安新区首个生态清淤工程BIM应用样板

“把蔚蓝还给海洋，把清澈留给江河”是田会静最大的梦想。2017

▼白洋淀

年，雄安新区提出“数字雄安”理念，在全新的挑战和压力面前，作为天航局在数字领域的专家，她毫不犹豫地接受了挑战。“每天想起白洋淀的那些水污染的画面，我就难以入睡。我打心底想为白洋淀水环境治理贡献自己的力量。”经过系统诊断、缜密研究，她创新开发BIM技术，搭建数字集成平台，实现了白洋淀整体水环境土壤污染物各级层面的类型、浓度等数据的可视化，为白洋淀治理过程中的精准施策提供了智慧支撑。

扎根现场，利用数字技术为工程建设装上“智慧之眼”。4年来，田会静先后参与并实施了雄安新区5个工程项目的BIM研究及应用、数字工地建设。特别是在白洋淀内源治理试点项目中，田会静首次采用“BIM+GIS+IOT”相结合的技术，创建了生态清淤工程“三端一云”智慧管理平台，实现了“一张图”呈现白洋淀内源治理可视化样板，打通了微观领域的BIM信息、物联感知和宏观领域的GIS信息，成为雄安新区首个生态清淤工程BIM应用样板，大大提升了项目管理水平和工程品质。该技术成果经天津市科学技术评价中心鉴定为“国际领先”水平。

率先带头，建成天航局独当一面的数字主动军

“一枝独秀不是春，百花齐放春满园。”2018年，田会静顺应数字经

▼白洋淀

▲白洋淀

济发展潮流，率先开展数字化转型。作为数字技术带头人，她带队组建了BIM技术开发与应用中心。中心成立之初，她一人挑起建流程、立制度、带队伍的重担，通宵达旦带领团队钻研BIM技术，历时短短2个月，便实现了从“白手起家”到全员考取BIM资格证书的目标。3年多，经过数十个项目的磨炼，她带领的团队成长迅速，先后成功实施了白洋淀治理、宜宾市政管廊、连云港污水厂、盘锦高桩码头等水利、市政、水运业务领域等30多个项目的数字化应用和天航局视频监控管理平台建设工作，已然成长为天航局独当一面的数字主力军。

唯创新者进，唯创新者强，唯创新者胜。2021年，田会静顺势而为，乘势而上，组建成立“光慧青年创新工作组”，积极投入“数字天航2.0”建设。她又踏上了深研大数据、物联网、智能化数字技术征程。凭借着在生态环保领域和BIM领域的突出贡献，她先后获得了“天津市三八红旗手标兵”“中交集团五一巾帼标兵”、中交集团五一巾帼奖章、“中交疏浚集团先进科技工作者”等荣誉。

从渤海之滨的污水库到昆明滇池，到锦江沱江治理，再到利用BIM技术为白洋淀装上“超级透视镜”，田会静用实实在在的行动诠释了在生态环保事业上的净无止“静”。当问起田会静对未来事业的展望时，她说：“保护江河湖海，成就蓝色梦想，这将是我一生的追求。”

刘晓玲

中共党员

高级工程师

她是水规院女职工中的杰出代表，怀着对水运行业的热爱，扎根水运事业，数十年如一日，不忘初心，挥洒青春，激扬绽放，潜心钻研内河水运业务，多项科研成果被纳入国家水运规划，成为我国水运发展的顶层设计。

守得初心　绽放芳华

中交水规院发展院内河重大战略研究项目经理。参与了长江三峡新通道工程、运河水系连通工程、上海国际航运中心能力提升工程、“兴边富民——界河能力提升工程”等多项国家重大项目的论证工作，多项成果被纳入国家水运相关规划。主笔的《发挥大运河的经济价值》调研报告获得交通运输部优秀调研成果一等奖，参与的多个项目获得水运建设行业协会水运工程优秀咨询成果奖，所在的“内河航运建设技术团队”获得“中国航海学会科技突出贡献团队”荣誉称号。

不问收获，但问耕耘

刘晓玲入职短短几年便开始崭露头角，成为部门技术骨干，担任多项省部级科研课题的项目经理。她先后参与了长江三峡新通道工程、运河水系连通工程、上海国际航运中心能力提升工程、新长城——界河能力提升工程等多项国家重大战略项目的论证工作，多项科研成果被纳入国家水运相关规划，成为我国水运发展的顶层设计。她主笔的《发挥大运河的经济价值》调研报告获得交通运输部优秀调研成果一等奖，参与的多个项目获得水运行业协会优秀咨询成果奖；她所在的“内河航运建设技术团队”获得航海学会“科技突出贡献团队”称号。她默默地在平凡的岗位上做出了不平

▼平陆运河船闸效果图

▲平陆运河效果图

凡的成绩。

刘晓玲所在的发展院肩负着引领水规院高端咨询业务做大做强的重任，致力于提升跨行业、国际化、综合性的咨询策划能力。发展院主办的每个项目都是独一无二的，没有固定的研究模式，更没有可复制的范本，对于每位业主、每个项目来说都需要量身定制。这必然对个人的专业综合能力和跨专业融合能力不断提出新要求。刘晓玲为了论证一个看似简单的观点，往往花费很多时间查阅很多资料，进行多次“头脑风暴”。正是这种精益求精的精神，把刘晓玲历练成了敢打硬仗、能打硬仗、善打硬仗的“女汉子”。刘晓玲所在的“水规院水运发展战略与规划研究技术创新团队”获得中交集团2021—2022年度“五一巾帼标兵岗”荣誉称号；她所在的“平陆运河关键技术研究团队”获得中交集团共青团2021—2022年度“青年文明号”荣誉称号。

路虽艰辛，微笑前行

设计院工作虽然辛苦，但选择了这项为之奋斗的事业，就注定要付出比常人更多的努力。对于一名奋斗在一线的女性员工及孩子的母亲来说，更是如此。长期面临着高强度的工作，刘晓玲默默奉献，从不计较个人得失，从未因家庭生活影响日常工作；她人走到哪里，电脑就背到哪里，多少次为了赶项目，连夜笔耕不辍，无暇顾及家庭。有一次在青岛港项目中，刘晓玲临时接到修改任务，为了满足业主加快推进项目的要求，她同项目组其他成员边讨论边完善，一改就是一夜，她的敬业精神感染着身边每一个人。

刘晓玲为了做好技术研究工作，时刻心系项目，坚持“没有调研就没有话语权”，不论严寒酷暑，舍小家顾大家，长期奔走在一线，从国内到国外，足迹遍布“三江两河”，从源远流长的京杭运河，到奔腾向海的长江通道、川流不息的珠江水道、欣欣向荣的淮河之畔，再到柬埔寨、玻利维亚、肯尼亚、坦桑尼亚、乌干达等非洲和拉丁美洲地区。在中交集团江河湖海优先战略、海外优先战略实施中，在水规院大水运、大交通战略中，充分发挥着她作为一线员工的自身价值。

星空不负赶路人，岁月不负有心人

多年来，刘晓玲潜心钻研内河水运业务，敢于创新，不断突破自己，在内河领域施展拳脚，逐步形成较大的影响力，以瘦弱的肩膀扛起了专业技术能力建设的重任，带领项目团队在内河水运高端咨询业务领域逐步打开了市场知名度。本着对技术孜孜不倦的追求，刘晓玲一直向着成为内河水运行业专家型人才的目标迈进，近年来在内河领域发表论文10余篇、报纸署名文章2篇。作为内河技术创新的核心主力，刘晓玲异常忙碌，先后参与了水规院开展的平陆运河、湘桂运河、赣粤运河、京杭运河黄河以北段复航等重大内河项目，在内河高端咨询业务的拓展中贡献了重要力量。她在2021年水规院获得中交集团批复的“中交内河建设技术研发中心”中，被推选为“内河航运发展规划”方向带头人。

守得初心，绽放芳华；不忘初心，方得始终。刘晓玲将继续在一线岗位上勤于学习、踏实苦干、精益求精、无私奉献，谱写新时代新的巾帼赞歌。

黄清飞

中共党员

教授级高级工程师

他是驰骋一线的智者，敢于创新，攻关科研，从港珠澳大桥到深中通道，为我国隧道建设水平迈入国际先进行列做出积极贡献。

把论文写在祖国大地上

中交公规院隧道与地下工程部主任工程师。在港珠澳大桥、深中通道等重大工程项目设计中担当重任，先后参与完成国家科技支撑计划项目“港珠澳大桥跨海集群工程建设关键技术研究与示范”、集团立项“复合地质条件下超高水压超大直径盾构过江隧道建设成套技术研究”“深中通道钢壳混凝土沉管隧道设计、施工及耐久性关键技术和设备研究”等重要课题科研工作。荣获省部级科技进步奖、设计奖13项（其中，特等奖2项、一等奖6项）；专利授权逾20件，专利优秀奖1项，发表论文逾10篇。

2009年初秋，还在北京交通大学读博士的黄清飞，以公规院实习生的身份参与南京扬子江隧道勘察设计投标工作。自那时起，黄清飞与公规院结下了不解之缘。

2010年7月，博士毕业的黄清飞正式受邀加入公规院，而他接到的第一个任务就是参与举世瞩目的港珠澳大桥施工图设计。

“何其有幸，我能在一毕业就参加设计代表国家最高水平的超级工程，这是一种机遇，更是一份荣耀。这也让我倍加珍惜，珍惜我每一步走过的职业经历，珍惜公司给予我的这个超级平台。”

2015年8月至今，从港珠澳大桥转战深中通道，12年时光见证了粤港

▼港珠澳大桥

澳大湾区两大重磅项目的建设，黄清飞践行了“把论文写在祖国大地上，在工程实践中成长”的初心。

“苦干+巧干”，助推“超级工程”

在深中通道施工图设计期间，黄清飞担任隧道总体及沉管隧道结构设计分项负责人。受各种因素影响，沉管隧道施工图设计从7月开始，10月中旬必须完成。

短短3个多月，项目组成员面对的是国内首次大规模应用的钢壳混凝土组合结构，参考资料不多，没有成熟经验，设计任务繁重，形势异常严峻。公司副总经理、项目总负责人徐国平对此高度重视，专门把负责沉管结构分项的黄清飞叫到办公室询问：“清飞，能不能完成，有没有信心？”

黄清飞没有立即回答，在没把握的情况下拍胸脯表态不是他的风格。他在思索，思索怎样在如此紧张的设计周期内高质量完成任务，毕竟这是施工图，不容许有差错！4个小时后，他向徐总提交了详细的工作计划，提议组建沉管隧道设计青年突击队，对管节结构采用BIM技术正向设计并

▼深中通道

▲深中通道

导出施工图，以确保结构不出差错。徐总当即同意了黄清飞的提议，并建议黄清飞担任青年突击队队长。

自此，青年突击队队长黄清飞带领队员开启了每天工作到凌晨，并且周末无休的模式，不畏艰辛、潜心笃志，一头扎进科研攻关的深海中。终于，黄清飞按时提交的成果得到业主和审查专家的一致好评，他带领的“深中通道沉管隧道设计组”也获评“2017年度公规院青年文明号”“2017—2018年度中国交建青年文明号”；同时，为助力公规院获得“深中通道初步设计阶段优质勘察设计单位”和“广东省五一劳动奖状”等荣誉贡献了自己的全部力量。

“坚守+坚信”，在实践中成熟

入职12年，黄清飞一直奋斗在生产一线，平均每年出差超过300天。他兢兢业业，默默付出，助力一个又一个“超级工程”的诞生。从工程师到正高级工程师，从助理咨询师到主任工程师，不问星光、不负岁月，黄清飞在一线磨砺中快速成长。目前，他担任世界交通运输大会结构工程学部沉管法隧道设计与施工技术委员会联合主席，中国岩石力学与工程学会水下隧道工程技术分会理事，行业影响力逐步提升。他个人也在此期间拥有了家庭和两个可爱的女儿。

每当往返广东、北京两地时，黄清飞总是搭最晚的航班返京，赶最早的航班返粤，这已经是他跟妻子之间的默契了。往返广东、北京两地的行程单积累了厚厚一沓。

“他每次回家都是最晚的航班，遇上航班晚点，到家凌晨三四点也正常，回广东都是清晨5点30分出门，赶最早的那趟航班。两个孩子从来没有机会跟爸爸好好告别，每次醒来发现爸爸的行李箱不见了，才意识到爸爸又出差了。”同是公规院工程师的妻子徐群丽说。

在超级工程的建设征程上，在家人的支持下，黄清飞的脚步迈得更加坚定。他说：“我热爱这份事业，每当疲倦的时候，我都会打开港珠澳大桥、深中通道的纪录片看看，当画面中那些熟悉的镜头扑面而来时，我便再次沉浸在这宏伟工程中，马上又有‘满血复活’的感觉。”

如今的黄清飞不仅是隧道与地下工程部的主任工程师，还担任多名新入职同事的指导老师。他将自己多年来的所思、所学、所悟、所感倾囊相授，在他的“传帮带”下，不少年轻同事已成长为公司的技术骨干，在不同项目上发挥才智。

停不下脚步的黄清飞坚信：唯有热爱，才会坚持；唯有坚持，才能成就。

杜　宇

中共党员

教授级高级工程师

从港珠澳大桥到长乐海上风电，从斯里兰卡到马来西亚，十多年来他一直扎根一线刻苦钻研原位测试技术，多次填补行业空白，筑梦“一带一路”建设，展现中交风采，终成行业标杆、技术大咖。

十年磨一剑
成就技术领头人

中交四航院勘察测绘院副总工程师。参与完成《港珠澳大桥主体工程岛隧工程孔压静力触探试验结果评估专题研究报告》，填补了国内水运工程建设相关研究的空白。大力推进孔压静力触探（CPTU）试验，先后在港珠澳大桥香港段人工岛、斯里兰卡港口城等大型海洋工程勘察中成功应用，并作为副主编完成了《水运工程静力触探技术规程》的编写。获得国家实用新型专利5项、省部级优秀工程勘察一等奖3项；2020年被评为“2018—2019年度中交集团青年岗位能手”，2021年入选中国施工企业管理协会首批工程建设科技创新“万人计划”青年拔尖人才，2022年获得“第二届中交集团暨中国交建劳动模范”等荣誉。

从毕业至今，杜宇一直在公司勘察一线从事原位测试技术的研发和推广应用工作，曾负责港珠澳大桥岛隧项目、科伦坡港口城、尼日利亚项目等大型项目的地质勘察和原位测试工作。近5年，杜宇担任阳江海上风电、长乐海上风电、龙源浮式风电、马东铁、菲律宾苏克铁路等地质勘察项目总工程师。

缘起港珠澳大桥项目

杜宇与海上CPTU结缘，始于港珠澳大桥岛隧勘察项目。2010—2011

▼港珠澳勘察项目

▲科伦坡港口城

年，杜宇作为技术骨干在现场负责港珠澳大桥岛隧工程的静力触探工作。面对极为苛刻的工作条件，在国内还没有成熟的海上静力触探经验的情况下，他大胆创新，创造性采用四钢丝绳双滑轮起吊系统，同时将波浪补偿系统引入起吊系统，大幅提升了设备的性能、效率和安全性。实践证明，这些技术创新是保证精细化勘察的决定性因素之一。面对国内水运工程静力触探数据解译几乎空白的现实情况，杜宇查阅国外规范和专业文献，一点一滴地从零开始学习，同时进行大量室内土工试验与孔压静力触探试验的对比分析，完成《港珠澳大桥主体工程岛隧工程孔压静力触探试验结果评估专题研究报告》，填补了国内水运工程建设相关研究的空白。

静力触探在海外工程的首次亮相

2016—2017年，杜宇作为项目经理负责斯里兰卡科伦坡港口城的现场勘察工作。作为海床式静力触探设备在海外工程的首次应用，面对项目勘察区域内浪高、水深的特点，杜宇大胆创新，首次提出了利用A字架代替船用吊机的安装方法。

▲阳江海上风电项目

通过缜密的计算分析和严谨的现场焊接过程控制，杜宇不断对设计图纸进行修改、试验、再修改，最后终于在港区内成功完成了设备的安装调试工作。实践证明，利用A字架进行海床机的起吊，不仅极大地降低了仪器在试验过程中的摆动，而且提高了设备的抗风浪能力。为了满足工程进度要求，杜宇带领现场勘察团队放弃了国内春节的休假，坚持奋战在勘察一线，最后在13个工作日内完成了38个静力触探孔，圆满完成了现场勘察任务。该项目为海床式静力触探设备在海外项目的应用提供了成功的经验。

义无反顾争当党员先锋

2020年1月—12月，杜宇组织完成马来西亚东部沿海铁路地质勘察工作。面对突如其来的新冠肺炎疫情，杜宇作为项目经理，也作为一名党员，临危不惧，在现场勘察过程中提出“排查、监测、隔离、消杀、培训”5个方面的现场防疫措施。

针对部分线路上的恶劣自然条件，杜宇经深入研究后提出以“手摇钻+

麦克托什探针+十字板剪切仪”联合使用代替传统钻机勘察的新思路，极大地提高了项目的实施效率。

最终，全线138名中国员工及20名属地员工奋战12个月，共完成近1500个钻孔，顺利完成所有勘察工作，并实现了“零安全事故”“零污染”“零感染”的安全生产目标，为中交集团赢得了声誉，也为公司勘察技术进军轨道交通领域积累了丰富的经验。

潜心科研攻克技术难关

近年来，为响应四航院采用“精细化勘察”的思路，杜宇大力推进发展孔压静力触探试验。他带领四航院静探团队务实创新，努力攀登，攻克了海洋静力触探试验一道又一道难题。通过近些年在项目一线积累的丰富工程实践经验，他作为副主编完成了《水运工程静力触探技术规程》的编制工作，作为主要编写人参编了《公路跨海通道工程地质勘察规范》，作为专题负责人参与了中交集团“基于北斗的远海智能综合勘测系统研发及应用（一期）”重点科技研发项目，获得实用新型专利5项、省部级优秀工程勘察一等奖3项。

先学一步，精研一步，领先一步。从勘察的1.0到港珠澳大桥精细勘察的2.0，再到如今海上风电“双70”勘察品牌的形成，杜宇的开拓脚步映射的不仅是四航院海上勘察铁军特别能吃苦、特别能战斗的精神气质，更是四航院人践行交通强国、海洋强国所必须拥有的精兵利器和拼搏进取、奋勇争先的博大胸怀。

二十年时间，从零起步，久久为功，实现自动化码头全生命周期“一站式”解决；初心如磐，勇挑重担，打造自动化码头原创技术“策源地”；勇当先锋，敢打头阵，助推公司加快打造自动化码头现代产业链“链长”。

打造自动化码头原创技术策源地

叶　军

群众

高级工程师

上海振华重工设计研究总院创新院前沿技术研究所所长。和团队自主研发振华重工第一代组态软件和起重机数据采集软件并获得国际认证；自主研发集装箱码头装卸设备调度及控制系统，与高校一起设计了新一代自动化码头系统一体化的顶层架构，同步研发了自动化集装箱码头生产管理系统，实现了真正意义上的自动化码头系统总承包。先后获得2004年度、2005年度“振华功臣”，2015年上海产学研合作优秀项目特等奖，2016年中国港口科技进步奖一等奖、上海市浦东新区科技进步奖一等奖，2017年上海市科技进步一等奖，2018年“中交集团优秀科技创新团队——振华重工自动化集装箱码头控制系统开发团队”等荣誉。

2015年10月，中国首个集装箱自动化码头——厦门远海全自动化集装箱码头的起重机设备系统完成安装和调试，并对外正式运营。而这一具备标志性意义的创新码头的设计，即由上海振华重工承担。自动化码头技术已成为振华重工产业转型升级的新型驱动，高端制造业无疑成为下一阶段国企发展的重点。担任厦门远海第二项目总经理的正是上海振华重工的叶军。

▼厦门远海全自动化轨道吊对外集卡作业区

从零起步，奋战2年，终自主研发出公司第一款起重机组态软件

叶军，现任上海振华重工设计研究总院创新研究院前沿技术所所长，带领团队获得上海市科技进步一等奖、上海产学研合作优秀项目特等奖、中国港口科技进步奖一等奖等荣誉。他从事自动化控制和工业软件的规划、设计、开发工作近20年，与团队一起自主研发振华重工第一代组态软件和起重机数据采集软件并获得国际认证。

目前，在振华重工从事自动化软件工作的已有200多位研发工程师，而在20年前却不是这样的。2001年，叶军进入振华重工的电气开发办。当时的电气开发办只有5人，这是振华从事自动化软件的所有工程师。此时，电气办的一个主要任务是为振华重工的各类大型起重机配套一款起重机监控软件（CMS），用于对起重机的故障进行检测和诊断。当时，电气开发办通过采购澳大利亚的悉雅特（Citect）组态软件来制作振华的CMS，但在香港HIT码头安装和调试轮胎吊CMS时出现了问题。因为无线带宽有限，为保证码头能正常指挥集装箱生产作业，HIT码头用户要求振华重工

▼厦门远海现场16台全自动化轨道吊白天作业

▲厦门远海现场AGV 在自动化堆场前作业

提供的轮胎吊CMS软件需满足无线通信网络带宽小于15KB/s这样的特殊需求。经过分析发现，悉雅特（Citect）组态软件需要做相应的修改。虽然Citect公司非常配合但还是因为周期太长遭到码头用户的投诉，甚至怀疑振华重工的自动化技术能力。通过这件事，当时振华重工电气开发办领导费国总倡导振华重工自主研发组态软件以用于开发起重机监控系统。这也是振华第一个自主研发的自动化工业软件项目。这个任务就落在了5个从事CMS的工程师上，而其中3个工程师长期在国内外现场出差，实际上开发的任务主要落在了叶军和另外一个同事身上。叶军的压力很大，责任更大。人手不够就多花点时间，别人下班了，叶军还在写代码；代码编译太慢，就让领导换台最快的电脑；软件中有大量的图，就让领导从公司内调来了会使用电脑画图的人当美工，画了1000多个图供软件使用；软件要测试功能，就让3位在现场的同事利用现场的起重机设备进行测试。就这样，经过2年的共同努力，振华重工的第一款起重机组态软件（Visual CMS）终于完成了，并在多个国内外项目中得到了应用和认可。当悉雅特（Citect）组

▲厦门远海现场海侧自动化岸桥和AGV夜间作业

态软件公司准备以4折的优惠价格将产品提供给已经1年多未采购它们软件的振华重工时，费国总说："我们振华已经有自己的组态软件了。"就这样结束了振华重工通过购买国外软件来制作起重机故障诊断和监控系统的历史，为公司节约成本的同时，也开启了自动化软件研发的大门。

勇于担责，积极练兵，建成国内首个无人的"魔鬼码头"

经过10多年振华重工在起重机监控自动化软件上的积累，逐渐形成了振华重工组态软件"三剑客"，包括SCADA组态软件、通过国际认证的OPC工业数据采集服务器、历史数据库等；同时，也形成了振华重工自己的工业自动化软件体系。

2012年10月，振华重工在北京人民大会堂签订了中国第一份集装箱自动化码头的总承包合同，并决定采用振华重工自主研发的自动化控制系统及起重机设备调度管理系统将其建设成国内首个无人的"魔鬼码头"。公司领导为了确保振华重工第一个自动化码头项目取得成功，任命叶军为该项目的第二项目总经理，负责自动化系统，这也是迄今为止唯一有2个总经理的项目。叶军的压力和责任更大了。要按时完成这么大的项目，虽然振华重工之前有自动化研发的经验和积累，但专业人才缺口依然很大，必须引进和培养一大批自动化技术骨干。在公司领导的支持下，叶军提出利用猎头公司从外部引进技术人才，其中包括高薪聘请德国自动化码头技术专家来帮助振华重工研发集装箱自动导航小车；在武汉成立办事处从当地招募软件研发团队来充实振华重工的软件研发实力；并通过厦门远海项目培养和输出了一批自动化技术骨干，接连承担了青岛前湾和上海洋山自动化码头项目等。

2018年，中交集团授予振华重工自动化集装箱码头控制系统研发团队“优秀科技创新团队”称号。叶军在领奖台上捧着沉甸甸的奖状和奖杯时，心情十分激动，这是集团领导对振华重工20多年来在自动化控制方面兢兢业业努力工作所取得成绩的认可，更是期望振华重工打造自动化码头原创技术策源地，实现自动化码头现代产业链链长的角色担当。

管理创新

“我劝天公重抖擞，不拘一格降人才。”凭借着崇高的价值追求、出类拔萃的素养、卓越的领导才能，以超前的眼光掌控方向、以敬业的热忱主动担当，他们是团队领军人物，更是行业脊梁。

他始终秉持家国情怀，三十八载的中交奋进岁月，建成多项品牌工程，引领特色地产发展，以精益专业、激情活力谱写进军“大城市”、建设优秀企业的敬业之歌。

谱写进军“大城市”的敬业之歌

方嘉煊

中共党员

高级工程师

中交城投党委常委、副总经理。分管房地产开发业务、项目管理、安全质量环保等工作。带领团队建立成效显著、有城投特色的管控流程和权责架构，净资产收益率、经营性现金流连续3年为正，圆满完成各项经营指标，达到行业标杆水平。高效搭建城市综合开发业务项目标准化管理体系，强化项目建设监管服务，组织实施质量管理对标升级、“安全生产专项整治三年行动”等，助推企业获评中交集团优质工程3项、省部级奖13项；企业所属4个项目获得“省级市政工程安全文明施工示范工地”、1个项目获得“省级建设工程项目施工安全生产标准化工地”、5个项目获得集团“平安工地”。2022年被授予中交集团“劳动模范”荣誉称号。

他始终秉持家国情怀，三十八载的中交奋进岁月躬耕不辍，建成了莆田秀屿港万吨码头、广州内环路、广州南沙国际邮轮母港等一大批品牌工程。他恪守初心勤勉履职，始终围绕贯彻落实中交集团战略部署，以标准化管理入手，以高品质管控为主线，稳步搭建起项目规范化管理的标准和规范，快速完善特色地产的管控体系，成功打造了南沙国际邮轮母港、南沙明珠湾CBD、顺德高新区西部启动区产业园、300米超高层商务综合体中交汇通·横琴广场等一批区域地标，助力中交城投实现了跨越式发展，以精益专业、激情活力谱写了一曲建设优秀企业的敬业之歌。

▼广州南沙国际邮轮母港

▲顺德高新区西部启动区一期城市综合开发项目

永保激情，彰显担当与抱负

方嘉煊于1984年来到中交，从青葱少年到白发染鬓，角色在变、身份在变，不变的是他对事业始终旺盛的学习热情和工作激情，是在助力地方经济大发展中持续升维的能力供给和自我奉献。

方嘉煊的职业初期是在见证雄阔的改革开放启幕中度过的。加入中交伊始，他便躬身基层一线，在真切感受地方经济发展脉搏的同时，不断施展青年知识分子的担当与抱负。

20世纪80年代初，“三来一补”企业遍布南粤大地，形成了星罗棋布的对外加工网，带入了很多外资和先进技术，造成水上运输非常紧张，催生了大量的码头建设需求。港航科班出身的方嘉煊受事业感召，被迅速地推向码头建设的最前沿。1986年，年仅23岁的他被委以重任，担任顺德容奇港码头的项目经理，带着三四十名员工和五六十名民工日夜兼程。1987年，容奇港作为顺德第一个外贸港口，顺利通过国家验收并正式开放。容奇港的快速建成，为顺德打开了通往世界的窗口，催生了包括科龙、格兰仕在内的一批行业巨头，顺德由此成为“三来一补”企业桥头堡和响当当的广东“四小虎”之一。

“现在看来，项目对地方经济发展的意义比当时认为的还重要，自己

▲顺德高新区西部启动区一期城市综合开发项目

在很年轻的时候做成这个项目，非常值得骄傲和自豪。这段训练经历为我的人生和职业成长也打下了坚实的基础，我也逐渐形成了系统的项目管理认知。”每每谈起作为项目经理交出的“处女作”，方嘉煊总有抑制不住的感怀和激动。

随后，在27岁那年，方嘉煊带着70名员工奔赴福建莆田，建设秀屿港码头工程。秀屿港是“中国少有、世界不多”的天然深水良港，港内-10米以上的深水域就有100平方千米，虽然从招标开始就是由自己主导的，但项目的难度还是大大超出了方嘉煊的设想。首先要克服的，就是之前熟悉的内河码头工程建设经验不能满足海湾码头工程的需要。对此，方嘉煊带领团队首次攻克了500吨沉箱技术。而在技术突破的同时，身处千里之外的管理调度，对彼时的方嘉煊同样是不小的挑战，这段经历也让他提升了独立带领团队的管理水平。而今，秀屿港已被开辟为国家一类口岸，是全国四大中转港口之一。

▲中交汇通·横琴广场

甘于付出，呈现广州“内环奇迹”

雄关漫道，勇于接受挑战、勤于提升自我成了方嘉煊身上最鲜明的特征。1999年，方嘉煊作为广州内环路项目4个标段指挥部的常务副指挥，加入广州市大规模交通建设的热潮中。该项目被称为广州市市政建设的“特一号”工程，不仅有广州有史以来最大的拆迁安置工作和错综复杂的地下管线，还要保证在繁华的闹市区施工时交通不中断；更大的挑战是，施工期不到1年，任务十分紧迫。身为生产运营协调的负责人，方嘉煊背负着巨大压力，但作为广州市民，他内心十分清楚内环路对老百姓的出行，甚至是广州经济社会运作的重大意义。内环路从中标到竣工仅仅用了6个月的时间。内环路建成后，便承担起中心城区约20%的交通流量，呈现给广州的是被世界银行称为“内环奇迹”的获得国家优质工程银奖的建设项目。项目带来的不仅是公司市政基础设施施工和管理能力的大跃升，也有方嘉煊靠自己的能力和付出为所生活、所热爱的城市和人民生活带来改变的满足感与自豪感。

肩负使命，创建一流年轻团队

在创建一流企业中不断成就一流业绩。方嘉煊在2015年加入新成立的中交城投时，虽已过天命之年却并未停止前行的步伐。他深深地被新成立公司浓郁的干事创业氛围感染，作为业务创新的先锋和青年成才的导师榜样，他奋斗在深度参与地方经济社会发展的最前沿。2015年，中交城投成为南沙国际邮轮母港的投资建设方，不仅面对全新的邮轮经济和从未涉猎过的业务领域，还肩负着广州向海而生、高质量建设湾区地标级航运枢纽的光荣使命。团队虽年轻，但在方嘉煊的带领下，项目甫始就立下要打造世界一流、亚洲领先的国际邮轮母港的大目标。在与咨询设计团队远赴日本福冈、长崎，美国迈阿密等邮轮经济国际标杆城市考察并反复研讨后，方嘉煊向政府提交了一份现代化国际邮轮综合体的方案并得到高度认可。规划设计之余，方嘉煊带领的团队还要负责邮轮码头的建设及运营、国际航线开通、国际邮轮产业公司合作、30年期的港口运营等一揽子事务。“项目已成为广州水上国际门户和连接世界的闪亮地标，填补了广州邮轮产业基础设施空白，将巩固和提升广州作为粤港澳大湾区中心城市的重要地位。”在2019年南沙国际邮轮母港正式开港运营时，政府对该项目给出了这样的评价。

“带动了广州邮轮产业的发展，丰富大湾区居民的美好生活，我们初步兑现了给政府和老百姓的许诺。”方嘉煊不仅自豪于自己对地方经济和人民生活参与得更深，更骄傲于带领的年轻团队快速成熟，以及他们身上也有了更强的助力社会发展的意识。

岁月缱绻，葳蕤生香。总结38年的中交职涯时，方嘉煊说道，要做有情怀的人，努力为企业、为社会、为国家的发展添砖加瓦；要抱着改变现状、改变落后的执着念头，珍惜平台，热爱自己所处的行业，然后投入足够的热情和十足的努力，结合科学的思想、科学的管理手段，把事情做好、做成。他如是说，更是在一点一滴地努力如是去做。

从遥远的海南到天津港，再到西南边陲防城港，一路走来，他永远冲锋在前，严抓质量，清欠清收，成为工程建设和项目履约的“中交尖兵”。

永远在前的“登岛”先锋

刘瑞建

中共党员

高级工程师

中交一航局一公司防城港项目部项目经理、党支部副书记。在建设天津港大沽口粮油6号、7号泊位工程时，组织成立了“微创新工作室”，带领团队围绕质量通病治理和工艺优化，完成了20余项技术创新及工艺优化成果，项目部获得“中国质量协会质量信得过班组”荣誉称号；工作室自主研发的“智能喷淋系统”荣获国家实用新型专利。2020年，投身广西防城港建设，先后组织对标学习10余次。2021年，项目部获得广西沿海水运项目首个省级“平安工地”示范创建项目荣誉。先后获得中国交建工程“四比二创”劳动竞赛“先进个人”、中国交建工程攻坚会战“优秀个人”、中交一航局“十佳企业明星”、天津市“最美家庭”、全国“五好家庭”等荣誉。

冲锋在前，做使命担当的先驱者

2014年，刘瑞建初到某项目部，为了保证工程快速启动，他毅然放弃了春节假期，留守驻地积极开展各项工作。正值某工程建设伊始，清理作业面是重中之重的任务。然而，需要清理的作业面距离最近的海岸也有上千公里，暗礁星罗棋布，平静的海面常有风浪突现。在陌生的海域上，刘瑞建带领团队详细记录了路程中礁盘、浅点、暗礁、避风区等数据，为后续人员开辟了一条海上通途。4天5夜的航行，目的地已经近在咫尺，然

▼防城港企沙港区赤沙作业区2号泊位工程（一期）

▲天津港大沽口港区粮油区6号、7号通用泊位工程码头施工项目

而作业面的四周都是浅滩，满载物资的平板驳在距岸滩十几米远的地方就无法前行了。面对这一突发情况和未知的风险，刘瑞建没有退缩，他更换冲锋舟，加大马力冲上岸边，成为登岛第一人，正式拉开了工程建设的大幕。

作为施工的主要负责人，为了拿到现场的第一手资料，验证施工方案的可行性，刘瑞建带领测量员坐着小舢板，在施工海域进行实地勘察测量，每天在海面漂十几个小时成为工作的常态，在高温、高湿、高盐、高辐射、缺水、缺土、多风暴的恶劣环境下工作，刘瑞建脸上、身上的皮肤脱了一层又一层，但他毫不在意，还笑着说："一个人一生能有几次建设祖国的机会？现在不冲锋，更待何时？"凭借着详细、准确的数据，他带领建设者们在深海描绘出一幅壮丽的蓝图。

守正出新，做履约创效的带头人

在工程圆满结束后，刘瑞建回到了天津，负责天津港区域的水工项目。虽然刘瑞建对水工施工较为熟悉，但他深知只有在技术创新上拿出敢为人先的劲头和不怕困难的韧劲，才能让传统项目焕发新的生命力。于

▲天津港中海油LNG接收终端项目

是，他立即组织成立了“微创新工作室”，提出“创造性思考，创新性行为”的工作理念，并不断加大奖励力度，在项目部营造了浓郁的创新氛围。

2018—2020年，刘瑞建主持研发的“智能喷淋系统”获得国家实用新型专利，“混凝土螺栓封堵施工工艺”荣获中国交建品质工程“微创新”优秀成果奖，他带领的团队也被中国质量协会认定为“质量信得过班组”；他参与的工程项目获评天津市“工人先锋号”、中交集团“平安工地”“天津市水运工程品质工程创建示范项目”。一张张成绩单，擦亮了项目部的名片，进一步提升了企业的美誉度。

执着果敢，做清收攻坚的实干家

伴随着“微利时代”的到来，现金流成为企业的血液命脉。刘瑞建所在的项目部作为“老牌”的驻津项目部，压减“三金”形势严峻。时任第四项目部经理的刘瑞建敏锐地意识到，如果不能妥善解决多方面问题，就无法让项目部持续健康发展，更会为企业发展埋下“定时炸弹”。

刘瑞建带领班子成员在会议室里加班加点，详细阅读和分析所有材料，将所有遗留问题“抽丝剥茧”，迅速开展内部清理，对每笔款项逐一分析，一案一策、对症下药，针对每项问题制订了详细的清收方案，明确了时间节点和责任人。针对企业上下公认的“硬骨头”问题，刘瑞建果断采取法律诉讼手段进行清欠，配合企业彻底解决了存在已久的“老大难”问题，不仅如数收回了欠款，还额外收回了欠款产生的利息，有效地保护了企业的利益。

砥砺奋进，做开疆拓土的领航员

2020年，在全国新冠肺炎疫情刚刚得到有效控制之时，刘瑞建便接到上级下达的任务，到祖国边境——广西防城港参与建设。没有丝毫推辞，刘瑞建迅速做好交接，组建队伍，又一次离开家乡赶赴边疆。这是一航局一公司在广西的首个大型水工项目，一切都要从零开始。到达项目部后，刘瑞建立即开展实地考察工作，通过综合对比与可行性分析，完成了现场考察报告。他白天与各相关方对接，晚上优化项目策划，当年就完成了大小临的建设。

针对项目技术人员年龄结构年轻化，缺乏预制梁场、沉箱等施工经验的现状，刘瑞建先后组织对标学习10余次，“走出去，才能看到自己的不足和优势”。正是凭借着虚心好学的态度和精益求精的追求，该工程获得多方好评，被评为广西沿海水运项目首个省级“平安工地”示范创建项目，刘瑞建本人也被评为平安工地建设先进个人，并凭借项目在广西水工市场竖起了公司的大旗。

20年来，刘瑞建历经大小工程10余项，始终以行动贯彻建设者的初心和使命，在一方方土地上留下一个个建设者的印记和故事。

姚捷生

中共党员

高级会计师

求变启新、勇担重任，建立了“协同式战略财务、穿透式业务财务、共享化专业财务、数字化智慧财务”四位一体的价值财务体系，推动了公司高质量发展。

财务转型升级的践行者

中交四航局副总会计师、财务资金部总经理。守牢财务“最后一道防线”，使中交四航局财务指标连续多年名列集团基建板块前列。先后获得中交四航局“文明建设先进职工”、中交四航局第六届“十佳青年”、中交四航局“优秀共产党员”、中交股份“财务先进个人”、中交集团暨中国交建“优秀共产党员”、中交集团暨中国交建“劳动模范”等荣誉称号。

“学贵专，不以泛滥为贤。”作为中交四航局副总会计师、财务资金部总经理，姚捷生好像天生具有一双火眼金睛，能迅速捕捉到隐藏在财务管理、资本运作、资金管控、会计核算等一串串数字背后的信息。这是他数十年如一日苦练内功的结果，也是他业务过硬练就的专业素养体现。入职以来，他主动适应新形势、把握新要求、展现新作为，守牢公司财务“最后一道防线”，为中交四航局财务稳健发展奠定了坚实的基础，并被授予“中交集团暨中国交建劳动模范”称号。

▼四航局财务共享中心课题研讨

知责于心，从十年磨剑到守牢“最后防线”

政治站位高，专业能力和落地执行能力强，这是周围同事对姚捷生最中肯的评价。从业数十年，为完成中交集团下达的各项指标，每年年初他都会紧密围绕企业管理指标进行周密和详尽的部署，动态地跟踪和管理各项数据情况，高质量地完成集团下发的各项指标和各项专项工作；同时，他还带领团队探索资产证券化业务，推动投资项目出表，盘活公司存量资产，降低了资产负债率，保证了各项财务指标连续多年排在中交基建板块前列，为中交集团保A贡献了四航局力量。

近年来，四航局紧跟中交集团战略步伐，深入开展“两降两控、一治一快”专项工作，这一次姚捷生和他的团队又冲在了前面。会计信息质量专项整治工作——“过紧日子”专项工作、财务风险化解专项工作、内部清欠等专项工作复杂而烦琐，姚捷生总能从千丝万缕中找到关键信息，每一项专项工作均成立专项工作组，制定相应的专项实施方案，建立长效机制，确保专项工作取得实效。这一系列专项工作，不仅守牢了财务管理的“最后防线”，也进一步夯实了财务基础工作，改善了财务状况，提升了运营质效。

担责于身，从“账房先生”到战略参谋助手

和姚捷生打过交道的同事，都对他有一个共同的印象：工作特别严谨，一双火眼金睛总能发现隐藏的问题，并能结合企业战略，以创新管理手段达成管理目的。其实，这是姚捷生熟谙业务、尽职尽责的真实写照。

近年来，四航局加快转型升级，对财务工作者的要求也在不断提升。为此，姚捷生始终坚持以企业战略为引领，把方向、谋全局：完善财务共享中心建设，建立了各项业务财务办理的规范，积极推进全面纳入共享工作，基本实现境内单位全部覆盖，将有力地支撑项目现场的正常运转方面都排在中交二级单位财务共享中心的前列，提高了财务标准化程度，提升

▲姚捷生获得荣誉

了财务的风险管控能力；聚焦关键的财务指标和生产经营信息，深化财务战略地图系统建设，激活业财数据，增强了总部对经营全域信息的感知力、对经营异动的敏捷性；借助集团财务云业财一体专项工作，以财务云联动为抓手，保持与集团战略部署高度一致的业财协同定位，严格按照集团“财务云上线七步法”工作要求，打造“业财资税融”一体化的管理体系，坚决履行“种子单位”的使命与责任。

履责于行，从价值创造到管理提质增效

永远保持蓬勃之姿，永远在用力地奔跑，这是姚捷生工作的状态。作为资深财务工作者，他始终坚持以价值创造为导向，在融资、税务、高新研发等方面主动作为、再造优势。

推进财务线实行强管控，姚捷生和他的团队重点关注融资、税务、高新研发等领域：拓展融资渠道，创新融资手段，开展供应链金融，发行永续债、可续期债和公司债，改善了现金流，既满足了四航局战略发展的

资金需求，保障了四航局生产经营与各项投资建设的资金平衡，又标志着四航局得到了资本市场的认可；完善资金中心的建设，加强了资金的集中度，提高了资金的管控水平，每年为公司节省利息上亿元；狠抓税务管理，充分利用政策红利，降低税负，高新企业、海外所得税抵扣，研发费用加计扣除，申请以权益方式核算永续债，加速折旧等优惠政策的使用每年为企业节省企业所得税2亿元，公司连续11年被广州市海珠区税务局评为A级纳税信用等级；推动公司被选定为核算行业标准试点单位，组织专人编写了《建筑业企业研发统计会计辅助记账行业标准（试行）》，获得了广东省统计局的一致肯定并专门致信表扬，他本人也收到了广州市统计局的表扬信。

数十载淬筋炼骨忠于梦想，倾一生全力磨剑结出繁花。扎根四航局的岁月中，姚捷生提出以财务共享中心为载体，探索创新财务人才培训模式，将财务共享中心打造成财务精英的培养基地。近两年来举办培训讲座60余场，受培训人数超1000人次，加强了财务人才队伍的建设，进一步提升了财务人员系统性解决问题的能力，为四航局高质量发展提供了源源不断的财会力量。

▼四航局财务新生培训

尉洪利

中共党员

教授级高级工程师

从开发额118亿元到开发额211亿元，从一级到特级，从技术员到北京市优秀企业家，胸有凌云志，无高不可攀，带领海威公司用3年时间走上升级发展快车道！

冲在前面　他是一面旗帜

中交一公局海威公司党委书记、执行董事。带领海威公司超额完成集团三大指标任务，连续3年市场开发额过百亿元，2021年更是突破200亿元大关。取得公路工程施工总承包特级资质。先后获得ENR全球最佳项目优秀奖、国际桥梁大会尤金·菲戈奖、国家优质工程奖等荣誉。个人获得“北京市优秀企业家”、中国交建暨中交集团“优秀青年专业技术干部”等荣誉称号。

入职中交17年来，他像一面旗帜，始终步履坚定，冲锋在前。由他主持建设的拉萨会展中心、温州机场高架、苏州中环等工程，均取得了良好的经济效益和社会效益。从技术员到企业家，从开发额118亿元到开发额211亿元，从一级到特级，他带领中交一公局海威公司走上了高质量发展快车道！

创新提质，打造世界首座三维异型结构天桥

2015年7月初，中交一公局二公司星港街过街天桥项目正式进场。本

▼拉萨会展中心

▲苏州中环

应是斗志昂扬的时刻，项目经理尉洪利却是一筹莫展。

这个工程造价6913万元，景观由美国SWA公司设计，结构初步由美国LERA公司设计，从一开始就对标具有“国际范”的世界首座三维异型结构天桥。如何由设计图变成现实？尉洪利遇到了两大难题：一是空间三维异形模板该如何设计、加工？二是空间三维异形钢筋该如何下料、安装？

从难以入目的试验段模板分块和拼缝，到与“东方之门”建筑风格遥相呼应的“空中花园”“金鸡湖畔城市空间的延伸”，尉洪利积极引入BIM技术，一举在三维异型模板的设计、加工，三维异形钢筋下料、安装和“C60自密实清水混凝土”浇筑技术上创下了三项“全国第一”，累计为项目节约工期24天，实现超额利润320万元。

星港街过街天桥项目的成功建成，打响了市场品牌。尉洪利担负起公司在苏州片区市场开发的重担，深入践行公司“经营城市、区域发展”战略，一年中标18个项目。

任职中交一公局二公司党委副书记、纪委书记、工会主席期间，尉洪利在乐清湾大桥等重点工程建设中大力推进群众性技术革新和创新创效工作。“零壹”创新工作室被授予中国交建首批示范性劳动模范（工

▲温州机场大道

匠人才）工作室，累计获得全国青年安全生产示范岗等省部级以上荣誉30余项。

深耕细作，践行重大战略推进公司转型升级

2019年3月，36岁的尉洪利作为杰出的年轻干部代表，走上了三级公司领导岗位，担任中交一公局海威公司党委副书记、总经理。这一刻，摆在他面前的是稳增长与优结构、转型升级与改革攻坚的全新挑战。

市场是龙头。尉洪利坚决贯彻落实“三重三大两优”布局，围绕“大交通”“大城市”，大力实施“区域+进城+主业”策略，打造“3+X”全员营销网络，成立重大项目推进专班，开创了连续3年开发额突破百亿元的壮举。2021年开发额更是突破200亿元大关，充分体现了他狼性的市场竞争意识和主动出击精准营销的能力。

现场是生命。尉洪利坚持以价值创造为主线，以标准化为引领，以科技创新为驱动，持续开展项目管理质量提升活动，打出一套精细管理“组合拳”。把工作重心放在一线，把管理重点对焦一线，围绕运营质量提升开展专项治理，编制公司十大标准化实施手册，推行施工和成本目标计划

体系责任任务清单管理，建立后备干部人才库，开展立体化大培训工作，推动公司人才、品牌、效益、管理全方位提升，提振了发展信心和改革动力。中交一公局海威公司取得公路工程施工总承包特级资质，荣获ENR全球最佳项目优秀奖、国际桥梁大会尤金·菲戈奖、国家优质工程奖、李春奖等多项国家级及省部级荣誉。

笃行致远，引领中交一公局海威公司高质发展谱新篇

2022年1月，尉洪利走上中交一公局海威公司党委书记、执行董事岗位。他以超前的眼光掌控方向，以敬业的热忱主动担当，带领全体海威人开启了高质量发展新征程。

新时代、新机遇、新挑战、新征程。中交一公局海威公司紧盯国家“十四五”规划，深入践行中交集团“三核五商”和一公局集团“133”战略，明确高质量发展任务书和路线图，让稳中求进的态势更加坚定。

尉洪利团结和带领班子成员，充分履行党委主体责任，坚持市场营销、生产经营、管理创新、党的建设同频共振，建立疫情常态化下的生产

▼星港街过街天桥

秩序，实现开门红、开门稳。立足自身特点，巩固“区域+进城+主业”经营策略，对市场结构、投现结构、产品结构优化布局，全面强化资源整合，延伸产业链和产品链；坚持问题导向和目标导向，练好内功，筑牢根基，做强“科技、金融、信息化”三大支撑，打赢“减债、治亏、风控”三大攻坚战；以价值创造为核心，全面推进“三定”工作和“四能”改革，完善全面预算体系，探索集群项目和区域管理新模式，以标准化管理推进管理标准化；建立大监督体系，实现全过程、全领域的制度、监督、合规、追责闭环管理，不断增强企业抗风险和持续发展的能力。

尉洪利常说：“我们不能忘记做企业的初心和使命，要把员工对美好生活的向往和追求实现得更好！”作为团队领军人物，他积极探索管理新路子，创新发展新模式，有效提升企业管理能力，锚定“两保一争”战略目标，在新的赶考之路上高质量完成答卷！

郝生炜

中共党员

高级工程师

从工程师到总经理，他始终发挥先锋模范作用，带领华南区域年度新签合同额屡创新高；从“大交通”到“大城市”，他为打造升级版二公局做出了突出贡献。

勇闯华南市场的先锋

中交二公局华南区域中心总经理，中交二公局华南公司董事长、总经理。2015年，打开了海南“大交通”新局面。2019年，牵头调研广州、深圳、佛山等5市14区，策划、组织高端对接140余次，促成广州增天高速、深圳大鹏支线等重大项目落地。先后获得中交集团暨中国交建“劳动模范”、中国交建“优秀共产党员”、海南省“优秀项目经理”、陕西省建设工会劳动竞赛“先进个人”、中交粤港澳大湾区“市场开发优质奖”等荣誉。

有人说，他好像无处不在，甚至可以用“无孔不入”来形容，因为有市场机遇的地方就能看到他的身影；有人说，他似乎精力超强，只要中交有机会跟踪的大项目总少不了他的参与。他就是中交二公局华南区域中心总经理，华南公司董事长、总经理郝生炜。

提高站位　换位思考

2012年，郝生炜初任中交二公局东萌公司铜黄路面2标项目经理，23千米的路面项目被5座没有合龙的连续钢构桥分成了6段，施工组织非常艰难。当时，隔壁标段由中交二公局三公司负责施工，与其相邻的1段约

▼江苏沪宁高速公路

▲江苏宁常高速公路

3千米的路面，因为桥梁不通，眼看就要影响通车节点。指挥部已经计划把这段路面划分给三公司实施。三公司项目经理主动找到郝生炜说：“郝经理，不管什么原因，项目一定不能被切割，有困难不怕，我们都是中交人，都是二公局人，大家资源共享，共同克服困难，我把拌和站借给你，还是由你们来组织施工。”郝生炜听从并接受了隔壁标段项目经理中肯而善意的建议，在后续施工中，两家通力合作，集约资源，不但出色地完成了整个铜黄路面施工任务，还都超额完成了考核目标。

“我们都是中交人，中交利益最大化。”这样的格局和胸怀影响着郝生炜整个职业生涯，更是在他心底种下了“提高站位、换位思考”的种子，而后者也逐渐成了他的座右铭，为他在市场开发中指引了工作方向。2021年，在项目拓展过程中，郝生炜得知集团兄弟单位在跟踪推进温州浙南科技城项目时，由于缺乏核心资源而迟迟无法落地。二公局在温州有很好的资源基础，郝生炜主动与相关领导对接，本着集团利益最大化的原则，双方充分整合资源，最终成功以联合体中标该项目，确保了集团利益最大化。

现场与市场

作为项目经理出身的市场开发人员，“现场”与“市场”构成了郝生

▲海南文昌路面项目

炜职业生涯最重要的两个场景——不是在管理现场，就是在拓展市场。在海南任职项目经理兼顾市场开拓时期，郝生炜跟踪的文琼高速公路受环保因素影响，周边石料厂基本被关停，材料价格急剧上涨。材料问题令很多潜在投标方望而却步。

面对“市场”的难题，郝生炜成功利用了“现场”的优势予以破解。当时，二公局刚刚完成临近的文昌昌铺旅游公路项目施工任务，与文昌市政府建立了良好的沟通渠道。他提出了一个大胆的想法——把离主线8千米位于文昌市境内一处尾矿的环境整治与项目结合起来，可以通过尾矿治理释放出100万立方米石料，解决项目的原材料问题。经过反复沟通，他带领团队成功中标了文琼路面，不但出色地完成了路面施工任务，实现了客观利润，而且为整条路线平抑了材料价格。

这个项目的成功运作，给海南省交通厅留下了深刻印象，多次在项目推进会上举例赞扬，为二公局深耕海南市场起到了很好的宣传作用。

离开舒适区

郝生炜的职业生涯，有两次比较大的转型。

一次是在他从事13年的路面施工管理工作并取得较好经营质效的情况下。2015年，他被派到了海南，跟踪一个1.2亿元的路建项目和一个5亿元的路面项目，最后2个项目都成功中标。按照常理，这是道不用“选择”的送分题。路面项目不仅是他的强项，项目规模也更具吸引力，而路基项目首先就要面对海南汛期长、台风多等复杂恶劣的施工环境。但他觉得自己不能总待在“舒适区”，而是要不断向新领域发起挑战，攀登面前一座连一座的高峰，不断丰富自己的人生、实现更高的人生价值。于是，他主动向公司申请路基项目，成为二公局东萌公司第一个路面转型做路基的项目经理。重新组建项目班子，重新学习路基桥隧的施工管理，3年时间在海南担任了2个路基项目的项目经理，2次获评海南省交通厅优秀项目经理。

▼陕西蓝商高速公路

另一次是在2019年。他被调任二公局华南区域中心，专职从事市场开发工作，并很快全面主持工作。再次离开了自己熟悉的区域，新角色、新领域，对他来说一切都要重新出发。但他认为，这又是一次难得的挑战自我的机会。他积极利用各种时间和机会学习基础理论知识、研究相关政策文件、探讨各类商业模式，加强市场开发和投资业务领域的学习，逐步补齐知识短板，丰富谈判技巧，提高实战技能。他常说："每一个城市经营网点就像是播下去的种子，需要我们去精心呵护，汇集、注入和嫁接充足的自身和平台资源，才会茁壮成长。"3年来，二公局华南区域的竞争合作井然有序，市场活力澎湃向上。2021年度华南区域新签合同额近300亿元，对局、集团区域市场开发的贡献占比均位居前列。

"人不负青山，青山定不负人。"走进"十四五"，面对新形势，郝生炜将一如既往、砥砺前行，立足大交通，深耕大城市，为中交华南市场的做大做强添砖加瓦，为助推二公局高质量发展增光添彩！

王建飞

中共党员
高级工程师

滦河水上搭积木，装配桥梁享嘉誉。梁板预制流水线，节能环保质效高。他是遵秦高速建设的领头羊，带领全体职工攻坚克难，创新创优，斩获多项殊荣，彰显中交品牌。

遵秦高速建设的领头羊

中交建筑三公司京秦高速公路遵秦段B2标项目经理。完成超厚卵石层旋挖钻施工技术等3项课题研究，拥有2项国家实用新型专利、3项微创新成果，将项目打造成全线智能、开创型预制装配式桥梁典型示范区。获得中交集团2021年“六比六创·三型一流杯”劳动竞赛先进个人、“优质混凝土突出贡献者”，中交建冀交高速公路投资发展有限公司“2020年度优秀项目经理”，中国交通建设股份有限公司河北高速公路项目总承包部“2020年度优秀管理者”“勠力100天，誓保年度生产任务”劳动竞赛“优秀项目负责人”，中交建筑集团有限公司“优秀项目经理”等荣誉。

奋战交通建设15年，他栉风沐雨、初心不改。肩负时代新使命，他迎难而上、壮志满怀。

在同事眼中，他是先行者，也是定盘星。他自己说："我是劳动者，也是追梦人。"

他叫王建飞，是中交建筑京秦高速公路遵秦段B2标段项目经理。

建功奋进，逐梦而飞。如今，奋斗在项目建设一线的他，正用汗水与智慧践行着交通人的使命，书写着劳动者的担当。

"先行者"：勇于创新，滦河上搭"积木"

滦河，是冀东人民心中的母亲河。作为京秦高速公路遵秦段的主要控

▼滦河特大桥

▲滦河特大桥

制性工程，全长4104米的滦河特大桥，如一条巨龙横跨在滦河上。

这座桥，凝聚着王建飞的心血，也诠释着他“先行者”的精神。

“滦河特大桥的下部构造，最初计划使用现浇混凝土工艺。”王建飞说，这项工艺虽然成熟，但有着弊端——高空作业占比高，安全、环保方面的控制难度大。

望着静静流淌的滦河水，王建飞暗下决心：不仅要为河北人民搭一座致富桥梁，更要为滦河留一湾清澈水源。

心之所向，必有回响。一次开会时，王建飞偶然听人说到一个词——“装配式”，这让他有了灵感。

“所谓‘装配式’，就是后方‘造积木’，前方‘搭积木’。”王建飞说。由此，可以很好地解决安全问题，同时减少施工现场的环境污染。但以往这种方式很少被应用于公路建设，可借鉴的经验十分有限。

于是，王建飞带领团队开始技术攻关。那段时间，他不停奔走于桥梁研究院、设计院、项目公司、设备厂家……最终经过多方研讨，滦河特大桥成功应用了装配式工艺，成为河北省最大的装配式桥梁。

不过，实践远非想象中容易。“比如，高10米、重170吨的预制墩柱，安装精度的误差不能超过2毫米。”这让王建飞和团队倍感压力。

面对难题，王建飞又敏锐地想到了全站仪。“全站仪不光能放样，它的免棱镜激光点也可以测竖直度。”最终，经过一番实践，“千斤顶+3中

▲新型流水线预制梁场

线+双全站仪”的精度控制技术应运而生。

经过应用总结，他们申报的“装配式桥梁系梁顶预埋钢筋定位方法”获得了国家知识产权局实用新型专利授权。利用这种方法，滦河特大桥安装的368根墩柱和184榀盖梁，误差均在2毫米以内，在打造精品工程的同时，基本实现项目施工现场“零污染”。

“定盘星”：沉稳睿智，破题解难

在同事看来，王建飞不仅是“先行者”，也是“定盘星”。很多棘手问题，他都能凭借沉稳睿智巧妙化解。

征地拆迁，历来是公路建设的一个难点，对京秦高速公路遵秦段而言也不例外。作为京秦高速公路遵秦段B2标项目经理，王建飞负责的标段全长5.227千米，涉及2个乡镇10个行政村，“牵涉的地方征拆、迁改问题很多，而且规划红线内抢栽、抢种现象严重”。

不等不靠，不急不躁。为破解征拆难题，王建飞带领团队深入施工区域细心走访。“大家顶着热浪奔走，汗碱一圈圈地印在衣服上，皮肤晒成了‘茄子色’……”说起当时的画面，王建飞仍记忆犹新。

在实地调查的基础上，他和团队认真分析，精心筹划，主动出击，提前介入征拆工作，最终实现了在迁安市5个标段内第一个开始施工，第一个组织清表，为全面开工创造了条件，为后续大干快上扫清了障碍。

后来，面对严峻的疫情防控形势，王建飞和团队又与作业队伍签订复工复产责任书，采取包车点对点集中返岗，实现了全线第一个复工复产。

“走在前，干在先。”这句话王建飞常常挂在嘴边。在他看来，工作既要深谋远虑，也要主动作为。这个理念，也体现在他对安全管理工作的实践中。

“项目的安全管理工作是重点，也是难点。”王建飞说。为此，他牵头推行了“行为安全之星”活动，调动项目各级人员安全生产积极性，变“被动安全”为“主动安全”，有效提升了一线作业人员的安全意识。

近年来，王建飞所在的项目成功承办了中交建筑大型起重伤害应急救援演练活动，并荣获2020—2021年度中交集团“青年安全生产示范岗”、中交建筑“青年安全生产示范岗”等称号，为安全生产管理树立了榜样。

“追梦人”：奋斗十五载，壮志仍满怀

自2007年参加工作以来，不觉间，王建飞已在交通战线上奋斗了15年。其中，在京秦高速公路遵秦段工作的3年，让他充满使命感。

京秦高速公路遵秦段，是国家“十三五”规划重点建设项目，也是京津冀协同发展交通一体化“四纵四横一环”骨架的重要组成部分。

“这是时代的使命，也是追梦的舞台。”3年来，王建飞带领团队深深扎根施工一线，在实践中发现问题、解决问题，先后完成了“超厚卵石层旋挖钻施工技术研究”“固定液压模板移动台座流水线T梁预制工艺技术研究”“公路桥梁下部结构装配式设计与施工关键技术研究”3项课题研究，并获得中国交通建设股份有限公司河北高速公路项目总承包部“2020年度优秀管理者”、中交集团2021年“六比六创·三型一流杯”劳动竞赛“先进个人”等一系列荣誉。

如今，大桥飞架滦河，坦途延展冀东——它们，都见证着王建飞的汗水与智慧。

“痛并快乐着，累并收获着，忙并憧憬着。”对这段不平凡的时光，王建飞这样形容。他说，自己是劳动者，也是追梦人，“初心从未改，壮志仍满怀”。

马　莉

中共党员

高级经济师

作为长期在市场开发战线工作的女性，她以打响中交机电品牌为己任，通过完善资质、布局新产业、健全开发体系，不断推动机电局实现跨越式发展。

中交机电事业的“铁娘子”

中交机电局市场开发部总经理。带领团队助力机电局中标曹妃甸长距离输送综合管廊、张家口200兆瓦/800兆瓦时氢储能发电EPC工程、海南整县光伏、上海氢能源智慧园等项目；积极完善市场开发体系，统筹编制一系列市场开发管理制度，先后推动设立10个办事处，初步建成“五位一体”的市场开发体系；在两年间助推企业取得市政施工总承包一级、建筑总承包一级、装修装饰一级资质，推动机电局成为铁路系统外第一家获取铁路电务专业一级资质的企业。获得中国交建“优秀共产党员”荣誉称号。

有自信有干劲，带领团队不懈奋斗

“公司将加快布局光伏、抽水蓄能等新业务，力争与产业上下游展开全面合作，进一步完善技术方案，设计可复制的商业和盈利模式……”面对众人，不慌不忙的话语显示着马莉的胸有成竹，铿锵有力的声音代表着她必胜的决心，发完言后的一片肯定与掌声，是她专业又精湛的能力表现。无论是中国交建第一个站后现汇项目——西安地铁14号线的传统

▼青岛港20万吨级矿石码头工程

业务，还是海南整县光伏、上海氢能源智慧园、曹妃甸长距离输送综合管廊、张家口200兆瓦/800兆瓦时氢储能发电EPC工程等大型机电新型项目，马莉都以自己的专业和经验将一个个疑难杂症顺利解决。马莉的辛勤付出是有丰硕回报的：2021年，机电局新签合同额首次突破百亿元，创造了公司新签合同额的历史新高；在中国建筑科学大会暨绿色智慧建筑博览会上，成功推介了机电局在智慧领域的最新成果，引起集团领导的高度重视。机电局聚焦主责主业，做精专业的企业文化，离不开马莉以及她身后团队的不懈奋斗。

不自满不骄傲，高瞻远瞩划未来

马莉深知，在这个竞争异常激烈的社会，自己需要做的还很多。为完善开发体系，马莉组织编写了一系列市场开发管理制度，先后推动10个公司级经营中心的设立，使“总部、分公司、经营中心、项目部、全员”五位一体的市场开发体系初步形成；她率领团队广泛搜集筛选项目信息，编

▼成都地铁17号线

▲肯尼亚蒙巴萨至内罗毕铁路

制重大项目作战表，促进周报、月报、市场开发例会和督导机制的建立；她积极落实局资质策划的统筹安排，2年间争分夺秒取得包括市政施工总承包一级、建筑总承包一级、装修装饰一级、铁路电务资质一级的重要资质，使机电局成为铁路系统外第一家获得铁路电务一级资质的企业等。这些成就也仅仅是冰山一角。马莉从未因卓越的成绩而骄傲自满，因面临的挑战而徘徊踱步，因为她知道，路还很长，挑战还很多，还需定期组织召开市场开发会，做分析、指问题、想点子、强培训；还需针对事业部、分公司专业偏弱的问题，组织部门人员送课上门，从公司经营理念、投标商务要点到资质申请流程和成本报价，逐一进行培训；还需……转眼间，她的文档里面已有了对未来洋洋洒洒的规划。

舍小家顾大局，书写中交人的中交梦

马莉的行李箱，一张张“妈妈我想你”“妈妈你什么时候回来”的小纸片映入眼帘，有空时她拿出看看以解想念女儿之苦。孩子马上就8岁了，还没有一起吃过生日蛋糕。孩子应该已经睡了吧，又错过了，电话一

▲黄骅港散货港区矿石码头续建工程

响起："马总，这个项目有了新的进展……"瞬间她又转身投入工作，时间在她这儿被无限细分，她让工作效率不断提升，也正因如此，才能圆满完成集团下达的公司市场开发指标，使公司新签合同额创历史新高。

马莉始终以大局为重，以企业为重，谋篇布局，努力进取，用辛勤的奋斗和忘我的奉献书写更加美好的明天。不是绝情，而是极致的深情；不是冲动，而是不悔的抉择。封存舍不下的亲情，是因为心里有放不下的梦——中交人的"中交梦"。

林政园

中共党员

高级工程师

从勘察设计硕果累累到市场开发转型升级，以“设计+”模式深耕市场，他是中咨集团设计咨询引领全产业链发展的践行者、开拓者。

实干笃定前行 奋斗开创未来

中咨集团武汉路桥分公司副总经理、市场开发与投资建设部主任。2016—2018年，参建中交集团单体投资最大项目广连高速公路项目，和项目团队始终坚持规划设计引领实现中交全产业链整体最优，统筹规划、可研、勘察、设计、施工及运营各个环节。2019年以来，牵头策划重大项目，助力企业落地设计咨询项目7个，成长为中咨集团设计咨询引领全产业链发展的践行者和开拓者。先后获得中交集团“劳动模范”、中咨集团“劳动模范”、中咨集团“十大优秀青年”等荣誉称号，多次获得中咨集团“先进工作者”表彰。

缘定路桥，扎根国家建设

2006年7月，林政园毕业于素有公路交通“黄埔军校”之称的长安大学公路学院，进入武汉中咨路桥设计研究院（中咨集团路桥设计研究院前身）。他说，选择路桥具有一定的戏剧性，其实他最先报考的是电气工程及自动化专业。上大学前没出过省的他，从福建仙游的一个小山村到古都西安，历经3天2夜的漫长旅途才到学校，让他深刻意识到国家的交通基础设施仍然需要大力建设。学习了一段时间后，在国家大力发展交通基础设

▼广连高速

▲贵州罗望高速

施建设的感召下，他找到了学校学工处，申请调整到公路学院桥梁工程专业学习。自那时起，他就下定决心扎根国家路桥建设，服务于满足人民快速跨越广袤的山川平原、江河湖海的需求。

深耕设计，实干笃定前行

他参加工作后的第一个项目，是夏蓉国家高速湖南郴州至宁远段勘察设计。夏天的湘南酷热难当，植被尤其茂密，让人寸步难行。作为新人的林政园满怀热情，总是一手拿着图纸，一手拿着花杆冲在外业队伍的最前端，丝毫不惧荆棘和芦苇在手臂上留下血口子，翔实记录着现场勘察的每一个信息。在完成项目组安排的设计任务时，他总是反复完善每一个关键设计细节、细心请教每一个方案制定背后所考虑的因素。夜晚的办公室，最后的身影总是他。正是因为用心负责、一丝不苟的态度，一个项目下来，“初出茅庐的他特别积极，从小涵洞到预制梁桥，再到现浇梁桥设计，完成工作的量和质已经可以接近老同志了”，时任项目经理的周智涛这样评价林政园。

▲贵州罗望高速

转眼到了2014年，经过10多个项目的锻炼，31岁的林政园成为分公司最年轻的项目负责人，主持了贵州省罗甸至望谟高速第一设计合同段勘察设计，这是当时公司承接的贵州最复杂的山区高速公路，桥隧比高达65%。“贵州的地质条件尤其复杂，不良地质多发，地质资料的准确性和设计的精细化直接关系到项目的成败。”他总是这样在项目例会上强调。外业过程中，他走遍了全线的每一处工点，人们总是可以看到他和路基地质专业负责人杨磊一起从深邃的谷底到陡峭的坡顶，核实着每一个边坡、每一处构造物的地质情况。每一个边坡工点要测量至少2个岩层产状，后期再和地勘报告进行比对，反复验证基础资料的准确性，以支撑每一个工点设计的合理性。“施工期间全线高边坡工点未发生一处重大变更”“全线桥梁的设计在完全基于数字化、信息化、批量化、标准化的同时，还兼顾了精细化和个性化，大幅提高了设计效率，规避了以往多数的差错漏碰”“创新性的桥梁伸缩缝后浇改进设计和轻量化的桥梁防撞防落装置优化，大幅减少了施工难度和质量弊病”“再复杂的项目也可以装进心中，每一个工点情况他都很清楚”——项目业主这样评价林政园和项目组。正是这种严于要求、精益求精的工作态度，铸就了项目设计质量之本，擦亮了中咨设计品牌！

2016年，林政园迎来了工作以来的最大挑战。全长213千米的广连高速BOT+EPC项目，是中交集团最大的单体高速公路投资项目，林政园担任A2设计段项目经理。路线长达133千米的复杂山区高速公路勘察设计，几乎是传统项目体量的3倍。面对创新模式、人员有限、要求更高和工期紧张的挑战，他毫不犹豫地接下了重担，带领不到30人的项目组仅用10个月的时间就完成了定测外业及施工图设计，确保了项目开工节点。在最紧张的定测和施工图设计阶段，他白天要不停地外业调查、协调各方，电话不断；夜间才是他最宝贵的工作和思考时间。他几乎没有早于凌晨2点结束工作的时候，加上经常性的通宵或夜宿办公室，睡眠的严重不足，导致身高1米83的他体重曾一度掉至60千克，领导和家人为此担心不已，他却毫无怨言，依然满怀热情地工作。正是这样的榜样力量，林政园带领项目组打破了设计单位传统的“阶段”“角色”及“资源”限制，统筹规划、可研、勘察设计、施工及运营各个环节不断优化开拓，通过规划设计创造出一项又一项额外价值，有效提升了工程效益、环境效益和投资效益。目前，该项目三凤里枢纽互通以北193千米路段已于2021年底按期建成通车，质效良好。项目技术、服务、管理及创新获得政府主管部门、参建各

▼贵州罗望高速

方及公司上下一致好评，也为公司积累了较系统的规划设计与投资建设相结合的运作经验。

▍转型升级，奋斗开创未来

林政园追求卓越，敢为人先，积极践行中交集团“市场为大、市场为先”理念。自2019年起，由设计咨询转型走向市场开发一线。2年多来，他发挥多岗位综合优势，以设计咨询为引领牵头策划重大项目10多个，业务涵盖公路及市政城建投资建设、规划设计等。林政园积极拓展谋划“设计+”解决方案并带来价值创造，克服新冠肺炎疫情反复的不利影响，助力公司落地项目7个，在新的征程上继续谱写转型升级新篇章！

16年来，林政园始终把工作摆在第一位，时刻做好准备去完成任务。“责任在肩，职责在心，公司有需要，我就努力做到。”谈起自己做的事，他淡然如水。荣誉以往，初心不改，砥砺前行，致敬为伟大事业辛勤奉献的每一个人！

马鸿钢

中共党员

高级工程师

见过凌晨的月亮和清晨的第一缕阳光，参与过众多大国重器的建造，从振华海工“零号工程”钻井平台到世界最大、亚洲首座换流站，他用坚守追逐海洋强国梦。

海洋强国路上的追梦人

南通振华重型装备制造有限公司副总经理、工会主席。2017年7月，历经3个昼夜，和团队顺利完成振海3号钻井平台全程抬升试验；2021年，带领团队完成亚洲首个海上柔直风电项目的枢纽施工节点任务；组建振华海工专业生产、调试队伍，如期交付世界最大、亚洲首座换流站，超短周期完成广东阳西风电升压站的建造，实现升压站车间模块化建造。发表论文《SPS规则及特种用途船舶设计符合性分析》《浅析浮式起重机缠绕系统“穿绳”技术》《海工船舶模块化建造技术应用研究》等；获得《一种可调式销轴安装平台》专利1项；获得南通市经济技术开发区“优秀企业家”荣誉称号。

从2005年进入振华开始，马鸿钢就有些“不务正业”。

大学主修机械设计及自动化的他，毕业后来到公司，本该在港机领域一展所长，但为了配合公司的发展规划，他一头扎进了从未接触过的海工业务领域。

求知若渴，肯“做事儿”

彼时的国内，海工行业前景尚未明朗，同行大多是“摸着石头过

▼“航工半潜驳3号”

▲“一航津平2”碎石铺设整平船

河”。为抢占先机，马鸿钢作为“先头兵”前往韩国、新加坡等海工行业发达的国家进行对标学习。在那里，他看到了半潜驳、自升式钻井平台等从未在国内见过的新奇产品，内心大受震撼的同时，也暗暗下定决心：一定要把这些新东西摸熟、摸透！

就这样，马鸿钢凭借着旺盛的求知欲和不服输的干劲儿，揭开了许多新奇产品的神秘面纱。

2009年，公司准备承接一项高端海洋工程设备。当时，国内的此类产品几乎处于真空状态。要接到这个订单，就必须提前对设备进行充分的调研。领导毫不犹豫地把这项艰巨的任务交给了肯“做事儿”的马鸿钢。

那时，互联网还没有如此发达，网络上几乎搜不到有用的资料。马鸿钢花了1个星期的时间跑遍了上海的标准化研究所、图书馆，也只是找到了只言片语，相关资料实在是太少。于是，他又想方设法联系国外的同学，拜托他们收集详细的资料。在研究了同学回传的各种资料和文献后，马鸿钢总算对该设备有了初步了解，并整理了一份较详细的研究资料，为公司顺利接单并完成项目提供了保障。

▲“振海5号”自升式石油钻井平台

迎难而上，能“扛事儿”

在进军海工领域的过程中，很多产品的设计和制造在振华，甚至是国内都是第一次。面对这些“第一次”带来的挑战，马鸿钢从不退缩，反而跃跃欲试。在他看来，别人没做过的事情，我们要是做成了，那该多好！

2013年，石油天然气开采行业对海上石油钻井平台的需求量突增，为顺应市场需求，对振海系列自升式海上钻井平台进行生产制造。马鸿钢作为振海一号钻井平台的项目总工程师来到南通振华重装，为项目提供技术支持。

钻井平台构造复杂，其核心钻井包配备了上百种设备和系统，需要一个专业能力硬、沟通能力强的人承担项目协调工作。然而，在陆续换了7名协调人后，公司始终不满意。转眼到了年底，距离用户要求的交付期限只剩下4个月，钻井包的调试进程依旧缓慢，选出1名合适的协调人员迫在眉睫。经过会议商讨，马鸿钢被指定为第8名协调人。

作为设计人员，马鸿钢并无项目协调经验。然而，在短暂的诧异后，他从容地接受了公司的安排，把这份工作当成一项全新的挑战。

接下来的4个月，马鸿钢将每一天的计划表排得满满当当，不仅迅速找出调试作业存在的问题，而且将调试工作协调得顺顺利利。为了赶上交付期，春节期间他没有回家，与项目团队一起守着钻井平台过了年。

2014年4月，平台准时交付，前往越南实施钻井作业，仅用3个月时间就超越现场其他钻井平台，获得第一名的好成绩。

主动出击，爱“挑事儿”

工作中，马鸿钢不仅能“扛事儿”，还爱主动“挑事儿”。

近年，海上风电发展方兴未艾。2019—2021年，振华重工承建亚洲最大的海上换流站项目。换流站项目体量大、时间紧、任务重。其中，安放换流阀的阀厅是核心部分，运行时要求保持厅内的恒温、恒湿。

按要求，阀厅的控温、控湿工作要等项目系统建造完成后才能进行，但根据当时的生产进度，按流程操作可能会导致项目拖期。得知此事，马鸿钢在和团队成员进行商议后，决定把阀厅的调试工作提前。

▼江苏如东柔性直流海上换流站

提前调试不是简单地调整工作顺序，而是对换流站实际的工作环境进行模拟还原，需要耗费相当大的精力。在别人看来，这一做法纯粹是自找麻烦。

运行中的换流站是通过抽取海水，给全船HVAC系统提供冷却水来实现恒温的，这一方法对尚在陆地建造的项目而言不现实。于是，马鸿钢和同事们找来原先建造钻井平台时用的潜水泵，接上软管自制成临时取水泵站，从附近的长江边抽取江水，通过数百米长的工装管道，给正在试验中的换流站源源不断地提供外循环冷却水。

为避免外界对厅内温度、湿度的干扰，保证保温效果，阀厅内部要进行绝缘棉敷设。包棉前还要确保阀厅已经完成动火、油漆等工序。在这些工序紧赶慢赶地完成时，正值春节将至，包棉的工人一时紧缺。“项目进度决不能因为这个问题停滞！”马鸿钢心里有了主意。没有包棉工，他便组织起部门留守值班的同事加入包棉队伍。在接受规范的培训后，包棉“临时工”纷纷上岗。

为了避免包棉的岩棉粉末沾到身上引起瘙痒，包棉时要裹上围巾和一次性雨衣。看着大家裹得严严实实的样子，马鸿钢跟大伙儿逗乐道：“把这活儿干完了，咱们还能拿着这套装备去养蜂！”

经过多方努力，阀厅的恒温、恒湿调试工作顺利完成，成功避免了因调试工作产生的拖期。

10多年前，去国外参观各种“新奇玩意儿”时，尚且是“门外汉”的马鸿钢内心无比震撼，激起了他奋勇直追的斗志；如今，参建过无数“新奇玩意儿”后，已经是内行人的马鸿钢并不满足现状，喜欢找各种各样的难题对自己进行提升。

对于自己所在的行业，马鸿钢有着深深的自豪感和使命感。他说：“中国是一个海洋大国，拥有绵延的海岸线和丰富的海岸带资源。这些资源是我们发展海工和风电项目的优势。目前，在这个领域，我们已经看见了曙光。我们的技术正在从浅海走向深海。尽管与国外优秀企业相比还有差距，但这正是我们这一代人奋发图强、追梦前行的动力所在。”

付欣荣

中共党员

高级工程师

他坚决扛起投资项目建设管理重任，聚焦成本管理主责，强化内控，开源节流，创新创效，持续加大政府回款力度，为企业节约成本近20亿元，用忠诚奋斗践行初心使命。

守护高质量发展的成本“生命线”

中交投资成本总监、投资运营中心（供应链管理部）总经理。任职中交投资成本总监以来，建立全成本动态管理体系，新增及修订制度14项，形成标准化流程；解决多个历史遗留项目的收尾难题，节约成本约14亿元；先后组织大宗物资招标采购48次，节约成本超亿元。作为投资运营中心负责人，指导各项目公司实现2022年政府付费回款26亿元；持续优化成本管控模式，已实现成本节约5500万元。获得中交集团“优秀共产党员”荣誉称号。

他事事为公，坚持争取项目盈利最大化；他勇挑重担，始终把工作放在首位，勤勉敬业；他分厘必争，只要涉及公司的合理利益，就寸步不让。他就是中交投资成本总监、投资运营中心（供应链管理部）总经理，付欣荣。

勇于担当、不辱使命

深耕项目一线17年，他用一言一行诠释着什么叫作“勇于担当、不辱

▼贵瓮高速清水河大桥

▲贵州至瓮安高速公路

使命”。他负责管理的隆百项目实现额外增加收益约4000万元、贵瓮项目实现利润约3亿元、嘉通项目实现利润约20亿元。这些耀眼成绩的背后，是他面对艰难困苦从不退缩的责任与担当。

那是2016年春节前夕，当时付欣荣正担任贵瓮高速运营公司筹备组副组长。一天傍晚，他正在值班室伏案梳理运营方案，一场历史罕见的冻雨突如其来，山区温度极低，路面迅速结冰，刚刚通车的贵瓮高速随时都有可能被阻断。这时，贵州省交通厅发出指示：不得封闭交通！他闻令而动，为迅速组织救援，第一时间带队冲向抢险地点。然而，路面冻滑，在途中不幸发生了车祸，付欣荣膝盖受到严重撞击。同事要马上送他去医院，他却坚决不肯，说：“保通最重要！”就这样，他不顾身体的疼痛咬牙苦战到4天后抢险结束时，他的身体已经严重透支，才去住院治疗。现在，一遇到阴天下雨，他的膝盖就会隐隐作痛，而他自己却打趣地说：“这每一帖膏药都是我的军功章啊！”

新起点赋予新使命。2016年，付欣荣组建成本管理部，部门初期只有4人，上百个招采事项接踵而来，待审核的文件摆满了他的案头，频繁出差、周末无休已成为他的常态。这位永远将公司利益放在首位的同志，“不爱摆架子，却很爱较真”。他管控成本锱铢必较，将清正廉洁刻画在

▲湖北嘉通高速

每一处小细节上。他引导员工从一张纸建立起控制成本意识，严格要求全体员工——“口头能说清的，不要打印。如果必须打印，就打双面”。

新征程呼唤新作为。2021年末，公司迎来了“三定改革”，付欣荣受命担任投资运营中心总经理，汇集承接原7个部门的项目管理职能。他快速转换角色，在1个月内建立了项目建设期管理事项清单，护航公司改革平稳过渡；打通在建项目的全管理链条，保障项目顺利推进。2022年以来，在公司领导的带领下，他牵头相关单位和部门，成功收回政府回款56亿元，助力公司实现开门红、开局稳的总目标。

疫情就是命令，防控就是责任。2020年初，新冠肺炎疫情暴发。春节期间，付欣荣接到了公司要求物资保供工作的电话。他很快意识到事态的严重性，面对妻子的不舍和女儿的挽留，他毅然放弃了难得的团聚时间，奔赴北京靠前指挥，迅速成立了物资保供工作小组。连续5个月，协助38家项目公司调配防控物资，为各项目顺利复工复产提供了坚强保障。同年4月，公司成立了生产经营副中心，他立即响应号召奔赴南京，在3个月内完成了30余个项目的督导工作，协助市场开发，保障了公司年度生产经营指标的圆满完成。2022年5月，北京的疫情十分严峻，他又迅速投身生产经营分中心，带领并鼓舞团队："疫情当前，戴着口罩抓生产，务必保障今年指标的圆满完成！"

在探索中砥砺前行，在实践中百炼成钢

付欣荣作为集团劳模，始终践行勤政廉政，在平凡的岗位上力争不平凡的业绩作为。作为党员干部，他始终不忘初心和使命，用自己无悔的青春默默书写着交通强国的"中交篇章"！

他用最平凡的脚踏实地，描绘出地产建设者的赤胆忠心。他倾尽全力打造天津城东春晓项目，为天津百姓诠释着“建造美丽建筑、营造美好生活”的使命担当。

擦亮中交房地产品牌的笃行者

张光宇

中共党员

高级工程师

中交房地产所属中房集团天津城市公司总经理、党支部书记。2020年伊始，面对新冠肺炎疫情，“戴着口罩跑市场”，用一个月时间完成公司工商手续和管理团队组建，同年3月组织开工建设，8月项目开盘销售，取得了2020年度天津商品房开盘销售额第一名的成绩。精于成本管理，提出“将成本优化工作前置到规划设计阶段”，有效降低了成本。获得中交集团安全质量管理奖、中房集团成本管理优秀奖、中交集团暨中国交建“劳动模范”、中交房地产集团“优秀共产党员”、中房集团“优秀共产党员”、天津市滨海新区“优秀企业家”等荣誉。

“新时代是奋斗者的时代。”张光宇自2001年参加工作以来，一直致力于房地产开发事业，先后从事过销售、投资、前期、成本、运营等各种专业管理工作，积累了丰富的房地产开发经验。加入中交的十几年里，他以实干笃定前行、用汗水浇灌收获、靠本领贡献作为，不断为中交房地产业务谱写崭新的奋斗诗篇。用敬意分享感动，以楷模传承先锋精神，让我们一起走进张光宇的故事。

▌紧握创新之钥，匠心不渝，一份坚守筑成绩

创新是事业不断前进的磅礴动力，也是奋斗的价值。只有不断创新，

▼中交上东湾项目实景

才能在事业上不断进步，让个人得到社会和国家的认可，把党和国家的事业推动向前，为国家不断前行注入新的动力。在担任中交地产天津公司总经理期间，张光宇深深感受到单一区域的单一项目的抗风险能力存在巨大劣势，急需拓展新项目，利用新项目的盈利能力和现金流盘活老项目。在积极争取上级公司中房集团的大力支持下，他敏锐地寻得了天津市东丽区金钟街地块的投资机会，该地块符合中房集团一级、二级联动的投资政策。

“一定要为中交拿下这个项目！”张光宇带领团队一次次沟通与测算，一次次创新攻关。那是一段艰苦的日子，他带领投资团队白天与土地整理方东丽区城投沟通规划指标，晚上加班加点进行测算和讨论。为节省时间，他连续半个多月没有回家，累了就倒在办公室沙发上小憩一下，醒了就洗把脸清清神，又坐在办公桌前进行测算和调整各项开发指标。功夫不负有心人——经过不懈努力，他们成功介入东丽金钟街地块的土地整理，并大幅增加了住宅规划用地比例。为确保成功获得地块整理后的项目用地，他不断往返于京、津两地，促成中房集团和东丽区委、区政府的会面洽商。终于在2019年10月，以住宅楼面地价低于周边竞品项目20%的优秀业绩，获取了东丽金钟街土地开发项目。他用坚持与奋进把“爱岗敬

▲中交上东湾广景

业、争创一流”诠释得淋漓尽致，用创新业绩擦亮了奋斗底色。

克勤尽力之路，弦歌不辍，一生追求是奉献

不改其心，不移其志。多年的房地产开发管理经验告诉他，必须实行快周转才能确保项目高盈利和高质量发展。在获取土地后，张光宇马不停蹄地进行公司法人治理组建等工作，用最短时间完成了项目规划设计，成功办理规划许可证等开发要件。

然而，这一切只是刚刚开始——面对突如其来的新冠肺炎疫情，天津市的房地产市场形势急转直下，项目建设和销售面临巨大挑战。“多坚守一天是责任，先他人一步是担当。”张光宇没有退缩、没有向组织提出任何条件，他“戴着口罩跑市场”，主动联系东丽区建委和参建施工单位，紧抓复工复产，保障项目按时开工，走上正轨。同时，他下大力气抓内控管理，降本增效。他提出“将成本优化工作前置到规划设计阶段”，进行内外比对，要求与市场上一级开发企业持平或更低，有效降低了建设类成本；他积极与中国邮政储蓄银行沟通项目开发贷款，大幅降低资金成本，具备额度充足、抵押条件宽松和还款计划有利等优势；他指导财务团队

开展税务筹划和数据测算，充分利用税收优惠政策，综合降低成本1.53亿元。通过不断努力，公司开发成本已累计降低3.03亿元。

逆市而行，成本优化，辛劳难以言表，但张光宇干得有劲。同时，用这股干劲、闯劲、钻劲鼓舞了更多的人，让勤奋做事、勤勉为人激励广大劳动群众争做新时代的奋斗者。在他的带领下，公司人心齐、聚合力、谋发展，获得中交集团“党员示范岗”、中交集团安全质量管理奖、中房集团“文明企业”、中房集团项目拓展突出贡献奖、中房集团成本管理优秀奖等多项荣誉。

永葆奋进之姿，驰而不息，一片丹心报家国

看问题能一针见血，源自张光宇过硬的业务能力。复杂疫情叠加房地产市场的整体下滑，为项目营销工作带来灾难性影响。

如何化解销售危机、独辟蹊径打造项目独特优势？他一点一滴地思考，一遍一遍地尝试，最终将目光放在了地块中的配建学校上。他要引进优质教育资源，打造“学区房”。

▼中交雅郡全景图

但这谈何容易？项目地处天津外环之外的区位，引进谁？怎么引？靠什么引？问题和困难一个接一个。他没有放弃，认为机会等不来，相信办法总比困难多。他发挥中交传统的协同优势，整合资源，主动出击，拜访天津市主要知名小学。当他获知天津市教育实力顶尖的和平区逸阳小学正计划扩建后，便多次拜访其创始人和逸阳教育集团领导，介绍中交企业文化和项目优势；同时，他又积极协调东丽区教育局等主管部门请求政策支持。为了解决校方和教育局的关切问题，他又联系上海市的有关教育专家，组织校方和东丽区教育局、编制办、财政局等多方领导，共同到上海市进行实地考察，了解集团化办学、委托公办办学事宜，听取上海教育专家介绍办学过程中相关问题的解决思路。在他的坚持和努力下，东丽区第一所采取“公办委托管理”的一流小学正式落地东丽项目，学校暂定名“逸阳中交小学”，在扩大“中交”品牌影响力的基础上提升了项目的核心竞争力。项目销售如他所预期，开盘当日销售额位列天津市2020年度房地产开盘销售额第一，连续2个月蝉联天津销冠，创造了在9个月内完成15亿元销售认购额的杰出业绩。

在奋斗中不懈创新创造，在奋斗中厚植为民情怀，在奋斗中铸就先锋力量，张光宇用实际行动践行了一名共产党员的初心与使命，为中房集团天津城市公司的高质量发展拼搏奉献、砥砺前行。

开拓进取

逢山开路，遇水架桥。他们是筑路人，更是筑梦人。与企业同发展、与祖国共奋进，他们以奋斗者之姿攻坚克难、笃定前行，吹响“三和五商”新中交最嘹亮的号角。

他奋战天山南北，建世界最长公路隧道，他深入阿尔金山无人区、穿越塔克拉玛干“死亡之海”，修建康庄大道，勇当交通强国中交开路先锋。

向世界级难题“亮剑”

刘开之

中共党员
高级工程师

中国交建新疆乌尉公路包PPP项目总经理部总经理助理兼技术质量部部长。2017年，承担世界最长高速公路隧道天山胜利隧道的课题研究，先后立项自治区级和集团级专项课题3项。该项目获得国家实用新型专利61项、国家发明专利4项和省部级工法5项，并在核心期刊发表论文8篇。其中，《TBM压注式混凝土施工技术标准》填补了国内外TBM压注式混凝土工艺工法施工技术标准的空白。先后获得中交集团“青年岗位能手”“品牌员工”，新疆维吾尔自治区交通厅、总工会劳动和技能竞赛交通品质工程创建“优胜个人”，新疆维吾尔自治区巴音郭楞蒙古自治州“劳动模范”，中交集团暨中国交建“劳动模范”等荣誉。

“高寒、缺氧、高地应力、高地震烈度，隧道每掘进1米都堪称步步惊心，每一次亟须解决的问题也都是世界级，我们就是在这样的环境中艰难前进。”刘开之回忆道。

天山胜利隧道全长22千米，是世界在建最长的高速公路隧道，也是中交集团“头号工程”的控制性工程。在此之前，刘开之虽然有十多年项目管理经验，也带领团队斩获了无数大小奖项，可就是这样一个人，在第一次看见天山胜利隧道的图纸时也犯了难。

“3座隧道+4座通风竖井，长度加起来就是7万多米，但图纸还在技术设计阶段，另外已探知的断裂破碎带就有16条，其中还有活动性断裂带。

▼在建中的中国交建新疆乌尉公路包PPP项目35团至若羌高速公路

▲在建中的中国交建新疆乌尉公路包PPP项目尉犁至且末公路

6年的建设工期，尽快推进完成三阶段施工设计图纸批复和确定合理科学的技术方案、施工组织形式是摆在我们面前最大的难题。”他担心自己不能胜任，也怕辜负大家的期望，“那段时间整晚都睡不着觉，平时最爱吃的菜也觉得没啥滋味。”刘开之感受到了前所未有的压力。

刘开之经历了人生最激烈的思想斗争，无力感、挫败感将他笼罩，无计可施的情绪在心底蔓延。“每天都在打‘心理战’，项目负责人时常找我谈心，‘最硬的仗，才派最能打的人’这话到现在我还记着。”刘开之回忆说。“有集团高端智库和院士团队为我们做后盾，没有解决不了的难题！”项目负责人的一席话让刘开之坚定了信心，沉下心来重新梳理思路，最终他顶住压力，向天山胜利隧道发起了挑战。

按照常规施工法，全长22千米的天山胜利隧道需要10年时间才能完工，为保证投标承诺的6年工期，隧道采用“3洞+4竖井”的建设方案，中导洞服务隧道采用TBM掘进施工，双主洞采用钻爆法施工。在施工高峰期，单端服务隧道同时需要为7个工作面提供物料运输条件，有880余台各种施工车辆通行其间，虽然施工进度上去了，但是服务隧道内施工干扰严重，施工组织难度极大。“880多台施工车辆排列组合起来就是数十万级数据，根本无法在路线图中分析，只能采用数字化系统分析解决。”因缺乏经验，可借鉴案例又较少，施工一度陷入被动，刘开之看着路线图一筹莫展，“当时，我联系了一个在铁路系统工作的同学，想要借鉴精度高、系统性强的铁路调度系统，他却半开玩笑半认真地说了一句‘你们用不起’。”这话虽有玩笑成分，却让从小性格倔强、自尊心强的刘开之大受刺激，考虑到成本因素，刘开之最终决定组织团队自主研发。“这个过程非常艰辛，在1年多的时间里，我们进行了数十次的‘头脑风暴’，光专家会和专题会就开了十几次，有时晚上做梦都在开会。”功夫不负有心人，最终刘开之团队研制出了多功能交互运输系统，实现了车辆、人员信息快速识别、精准定位以及快速引导，有效解决了服务隧道运输安全、车辆拥堵等问题，确保了项目工期。

2020年春节前夕，一场突如其来的新冠肺炎疫情汹涌而至，其间正赶上水平定向钻勘察技术（HDD）在天山胜利隧道进口端施工，再加上天山高寒、高海拔的特殊气候，项目有效施工时间十分有限。为确保在3月按计划完成水平定向钻对博阿（F6）断层破碎带的穿越，为TBM顺利进场拼装和施工打好基础，刘开之一直坚守在库尔勒，时刻关注水平定向钻的进

▼在建中的中国交建新疆乌尉公路包PPP项目尉犁至且末公路塔里木河特大桥

▲在建中的中国交建新疆乌尉公路包PPP项目乌鲁木齐至尉犁高速公路天山胜利隧道出口端全景

度和现场存在的困难。特别是在大雪封山后，现场物资无法进入、临时便道被涎流水漫流而结冰，“当时气温大多在零下10摄氏度到零下30摄氏度，可以说滴水成冰，手放在钻杆上就被粘住了”。面对如此恶劣的施工条件，刘开之紧急协调周边标段、调动施工设备，做好施工保障、安抚工人情绪，最终确保了在3月底完成既定目标，同时在水平定向钻勘察方面创造了四项创新纪录，为天山胜利隧道TBM穿越博阿断裂带施工方案提供了地质详勘依据，填补了目前国内工程地质勘察方法的空白。

苦事、难事总得有人干吧！也许正是这样朴素的想法，锻炼了刘开之“吓不跑、难不倒、压不垮”的精神，再多的艰险、苦难都被他一一攻克。壮伟工程在他的身后一天天完成，幽深隧道在他的面前一尺尺延长。在天山之巅，刘开之始终秉承着工匠精神，以昂扬的斗志与世界级施工难题博弈，其乐亦无穷。

许华江

中共党员

高级工程师

扎根非洲二十余载，不断探索海外业务发展新模式，在喀麦隆成功打造了中法在第三方市场合作的实践案例，在践行“海外优先发展”战略上做出了突出贡献。

扎根非洲二十余载的“最美中交人”

中国港湾副总经济师、中部非洲区域管理中心总经理、党总支副书记。自2000年起，始终奋斗在“一带一路”最前沿，不断探索海外业务发展新模式，在喀麦隆成功打造了中法合作开发第三方市场的实践案例，在克里比深水港项目完成“投建营”一体化运作；创新性以EPC+O&M模式推动克里比疏港高速公路项目完成“小股权撬动框架项目”落地；以“三业并举”理念打造尼日利亚市场，推动尼日利亚凯菲至马库尔迪公路改扩建工程项目以优买模式融资落地；以BOOT模式实施尼日利亚莱基深水港项目，荣获央企海外投资并购最佳案例。获得“2015年感动交通年度人物”“最美中交人”荣誉，并多次获评“中国港湾年度优秀员工”荣誉称号。

许华江扎根非洲二十余载，用坚毅、坚持、坚定开创了中国港湾在非洲的数个第一，成为站在国家“走出去”和“一带一路”建设最前沿的央企交通人代表。

挑战自我：从国内到非洲、从财务管理到市场经营

1998年，许华江毕业于上海海运学院会计学（涉外会计）专业。2000年，24岁的许华江放弃国内的安逸工作，选择了未知和挑战，接受中国港湾建设（集团）总公司派往尼日利亚工作的安排。在人们的普遍印象里，非洲是贫穷、战乱、疾病肆虐的代名词，恶劣的社会环境和生活条件使人望而却步。身边的家人和朋友都劝其规避风险放弃赴非洲工作，但许华江带着中交人的责任感及对事业的热爱，毅然踏上了赴非洲的挑战之旅。工作前期，由于多方面原因，办事处的经济效益不甚理想，身边的同事因为收益有限都纷纷选择离开，而许华江选择了坚守。在干好本职财务工作的同时，他积极参与商务谈判和投标工作，主动学习市场经营方面的专业知识。2007年，许华江被任命为尼日利亚办事处副经理主持办事处工作，在其不懈努力和奋斗下，成功签署了拉各斯防波堤修复项目，总合同额1.2亿美元，为公司在尼日利亚市场的发展奠定了基础。

2010年，许华江被任命为喀麦隆办事处筹备组组长。此时的他已经升任安哥拉办事处财务总监，若选择去喀麦隆就意味着面对空白的市场、艰苦的环境和未知的风险，最直接的影响是收入锐减——喀麦隆的薪水仅仅

▲喀麦隆克里比深水港项目

是安哥拉的零头。面对人生的又一次抉择，许华江没有丝毫犹豫，他认为这是公司领导对他的信任和期盼，更是难能可贵的机遇，自己的人生不应留下放弃的遗憾。然而，现实的困难要比想象中大很多。最初，许华江带领团队住在简陋的小旅馆里，生活环境十分窘迫，业务的开展更是举步维艰。当时，公司在喀麦隆市场的业务是一片空白，没有明确的当地关系，获取市场信息如同大浪淘沙，开展工作更多要靠自己摸索。“打铁还需自身硬”，许华江通过不断思考和摸索，总结出一套“不待机服务业主”的市场开发经验。在许华江的领导下，中非团队先后签署了4.97亿美元的喀麦隆克里比深水港一期项目、4.54亿美元的克里比疏港高速一期项目、7.94亿美元的克里比深水港二期项目等多个项目。短短的4年里，喀麦隆市场从无到有，从零到接近20亿美元的合同，不仅为中国交建开创了一方市场，还通过这些项目把集团内部兄弟单位如四航局、四航院、广航局、上航局、一公院、二工局等带出了海外，切实履行了中国交建赋予中国港湾“一体两翼”的责任。

开拓进取：从传统工程承包商向“大交通、大城市”一体化服务的价值创造者蜕变

2013年，随着喀麦隆业务不断发展，中国港湾以喀麦隆办事处为基础，成立了中部非洲区域管理中心。作为区域中心总经理，许华江最关心的问题就是如何继续扩大中非区域的市场，为公司创造更多利益。任职期间，他废寝忘食，几乎把所有时间和精力都投入工作。在他的带领下，区域中心成立至今累计完成合同额约50亿美元，利润额近4亿美元，位于中国港湾各驻外机构前列，是中国港湾利润“粮仓”，为企业高质量发展做出了突出贡献。

但是，在受前宗主国影响深远的中部非洲国家，基础设施运维领域隐藏着西方国家获取后殖民红利的秘密，而打破这种利益垄断，对中国企业来说阻力巨大。在中交集团和中国港湾的战略支撑下，许华江带领团队认真思考如何完成从“工”到“商”的转型，不断探索寻求更加平衡的发展模式，并把阻碍发展的因素变为有利因素，开创了打造中国企业、法国企

▼中国港湾尼日利亚莱基深水港项目——锚定墙浇筑

业和当地企业三方利益共同体的健康可持续发展模式。最终，中国公司首次在喀麦隆突破性地进入特许经营体系——中国港湾与法国公司组成的联营体，获得喀麦隆克里比深水港集装箱码头的特许经营权，成为中法共同开发第三国市场的典范，是从传统的工程承包企业向建设运维一体化转型的尝试。在尼日利亚，中国港湾以BOOT模式实施的尼日利亚莱基深水港项目获得集团、公司多个奖项，并获评央企海外投资并购最佳案例。喀麦隆克里比疏港高速公路项目以EPC+F+O&M（口行优惠贷款）的模式拓展公路领域的产业链条，推动中国港湾在非洲公路运营领域先行先试，为集团“三核五商”战略布局、加快建设具有全球竞争力的“三型一流”企业的“赶考之路”完成了优异答卷。

无私奉献，扎根非洲二十余载

回首扎根非洲的二十余载，许华江收获了诸多荣誉，这一个又一个荣誉中蕴含了他无数的辛酸与汗水，深刻印证了一名中交海外人应有的无私奉献精神。

▼中国港湾尼日利亚莱基深水港项目——疏浚吹填

▲中国港湾尼日利亚莱基深水港项目——主防波堤堤心堆填施工

在非洲的二十多年里，许华江也经历过许多危险的时刻，甚至和死神擦肩而过。2004年，在尼日利亚，许华江送去同事去机场，车辆却在返回驻地的路上遭到了土匪的袭击，他因返回时临时改搭朋友的车而躲过一劫。2007年，一架肯尼亚航空公司航班在喀麦隆发生空难。许华江在考察完克里比深水港项目后，原计划与1名刚果（金）籍同事搭乘该航班返回北京，但由于工作需要临时改变行程，而刚果（金）籍同事因乘坐该航班不幸罹难。

由于长期驻外工作，许华江一直心怀对家庭照顾不周的愧疚，他的妻子常常开玩笑地抱怨说："我是嫁给了你，你却娶了工作！"但他知道，自己奋战在"一带一路"建设最前线，虽然顾不上小家，却让中国这个"大家"在世界舞台上绽放光芒。中非团队的同事也毫不掩饰对许华江的敬佩之情，这首发表在中非公众号的七言格律就是许华江二十余年非洲生涯的真实写照："千禧奉公出雄关，双十余载何畏难。足履异国三五许，辗转历练百十番。临窗千坪新楼暖，犹记孤灯旧室寒。不辞竭虑千万缕，再争佳绩亿兆还。"

纵使有种种困难与考验，许华江不仅未曾后悔，也从未轻言放弃，至今依然奋战在非洲一线，致力于带领中国港湾中部非洲区域管理中心向打造国际“大城市、大交通”领域一体化服务的价值创造者不断迈进。同时，作为一名党员领导干部，许华江严于律己，严格遵守党的章程和纪律，始终坚定“四个自信”、增强“四个意识”、做到“两个维护”，在政治上、思想上、行动上始终与党中央保持一致，在平时认真学习党史，并且善于将党的百年光辉历史融入实际工作、生活中，经常能够用党的历史故事来指导自己和同事的工作，真正做到学以致用。

何　源

中共党员

高级工程师

他是“一带一路”倡议的有力践行者，深耕大盾构领域，迎难而上，大胆创新，推动“海外优先发展”落实落地，努力打造中交盾构品牌。

青春“隧”月　盾构尖兵

中交二航局武汉两湖隧道工程（南湖段）PPP项目三标段总工程师。自2017年1月起，担任孟加拉国隧道项目总工程师，带领团队成功突破了未设加深段的特殊盾构始发、超大直径套筒辅助盾构在浅覆土强透水地层安全进出洞、一机双隧的盾构快速平移转体、疫情封锁下改变工艺的水下接收等众多技术难点，顺利实现隧道双线贯通。获得专利15项、省级工法2项、QC成果7项。先后获得镇江市“五一劳动奖章”、南京市“五一创新能手”等荣誉。

知行合一的“地下工作者”

说起何源，大家对他的印象就是憨憨的，工作认真负责，时常钻研到半夜的“夜猫子”。工作13年来，他一直致力于研究和提高工程土建施工技术和盾构掘进技术，从一名普通的技术员，逐步成长为一名盾构专家。他参建的南京纬三路过江通道工程是当时在建的国内最大直径盾构项目，也是业内最高水土压力、穿越地层最复杂的隧道项目。他说，一想到一个15米级的庞然大物在我们的操作下穿越长江就兴奋不已。当时，大盾构施

▼孟加拉国隧道项目——500吨履带吊拆除

▲孟加拉国隧道项目内景

工技术仍处在敏感保密期，没有太多可以借鉴的案例，现实和理想存在很大差距。何源暗下决心，要做掌握大直径盾构施工核心技术要点的第一批技术人员。

他珍惜和盾构机厂家技术人员相处的每一分钟，不放过每一个技术方案的推敲和演算。他常常把自己“钉”在工地上，一有空就往正在组装的盾构机上爬，把设备元器件一一和脑海里、书本上的描述相比较、相印证。黑乎乎的双手，油乎乎的衣服，锃亮亮的图纸，功夫不负有心人，他终于熟练掌握了大直径盾构机上千个零件的组装方法、精确操控、带压查换刀等关键技术。他说，13年过去了，至今难忘弄懂一个盾构机设备单元后的兴奋，更明白了在攀登技术高峰和实现梦想的过程中必须如青松般坚定挺拔，保持不服输的精神。

“一带一路”倡议的践行者

2017年1月，为践行公司“海外优先”发展战略和国家“一带一路”倡议，何源走出国门，担任孟加拉国隧道项目总工程师。该项目所在的城

▲南京纬三路过江通道工程

市街道上没有红绿灯，汽车、燃气摩托、人力三轮，甚至还有大象混合其中，最先进的设备和最落后的生活方式交杂，形成了一种梦幻的不真实感。从踏上这片土地开始，何源一干就是5年。

不同于其他项目，孟加拉国隧道项目容错率极低，盾构始发和接收的安全技术管控成了本项目的生命线。作为项目总工程师，何源的压力很大，盾构始发节点在他脑海中如同发条拨着撞针般进入倒计时。经过长达几个月的反复沟通和论证，项目最终确定采用套筒工法辅助盾构机进出洞，这将是大直径套筒在行业内的首次实践。面对诸多风险和不确定性，设备制造单位都在打退堂鼓，但何源直接回国开始了4个月的驻厂蹲点，车间的工作柜成了他的书桌，工人休息的长条凳成了他的会议室。在嘈杂的车间里，他与厂家常因方案细节争得面红耳赤，也常向工厂老板和技术员赔礼道歉，然后继续争论。方案建模时，他在工厂车间里常常一蹲就到后半夜。经过120多个日日夜夜、20多次工艺讨论、3次试拼返工，重500吨、直径13.5米的套筒完成设计、制造，并最终在项目成功应用——这是了不起的胜利，也宣告了大直径套筒在行业内盾构施工的天花板被打破。何源骄傲地说：“一切的付出和努力都是值得的！”

攻关创新的“先行者”

作为技术骨干，做好“传帮带”是何源的一项使命。他以实践“能落地的技术、能解决问题的方案和实现资源优化的方法”为工作理念，鼓励全员进行科研创新，尊重技术干部在讨论中的所有论点并进行集中研判；也会以一个观察者的身份，记录和点评技术员提出的解决办法，并将方案付诸实践检验，这种全员深度参与科研的工作方式让科研更具有生命力。同时，他重视人才梯队培养，采用全员轮岗、双向选岗、技术总结交流、技能考核比拼和以现场需求为导向，不断提高项目部大盾构技术团队的专业素养，形成了有活力、敢于挑战、勇于实践的年轻技术团队，并实现项目团队的裂变。

他带领技术团队乘势而上，奋力拼搏，成功突破了众多技术难点——钻研盾构技术，发明盾构专利并投入应用，在严峻的海外疫情形势导致无专业化分包商到场的情况下，与项目部技术干部和员工共同努力，圆满完

▼纬三路项目——盾构组装

成了孟加拉隧道一机双隧的项目部署，最终顺利实现隧道双线贯通。工程建设期间，何源带领的技术团队屡受孟加拉国业主和国际咨工的褒扬，使中国规范、中国制造、中国技术和中国履约能力得到了各相关方的一致认可，树立了中国基建工程师的良好形象。

“不积跬步，无以至千里；不积小流，无以成江海。”何源一直扎根基层，在项目从无到有的推进过程中，在面临技术难题和成功解决的兴奋中，他与企业在大盾构隧道领域实现了风雨同舟、共同成长。他用匠心点燃梦想，用汗水播撒希望。未来的航程，他将砥砺初心、奋勇前行，为“全球化中交”贡献智慧和力量。

李宝枝

中共党员

高级工程师

他鏖战无锡太湖隧道，决胜马山战场，建平安百年品质工程。他奋力践行使命担当，脚步不停踔力奋进，奔赴新“战场”，建功中交蓝。

把青春刻入大国工程

中交三航局大成路快速化工程走马塘西路-大成桥标段项目经理。先后参建青岛地铁R3线项目（获得全国“绿色示范工程”奖），无锡太湖隧道等近10项重点工程。太湖隧道项目获国家级和省市级奖项11项，授权发明专利2项、实用新型专利12项、省级工法3项。主持或参与的2项成果分别荣获中交集团科技创新成果一等奖、二等奖。其中，《基于满堂支架体系的可整体移动模架施工工法》被认定为江苏省工程建设省级工法。2020年，带领团队防洪防汛事迹被央视《新闻联播》报道。先后获得中国交建“优秀共产党员”、上海市重点工程立功竞赛“先进个人”、无锡市“五一创新能手”等荣誉称号。

2021年12月31日，中交三航局承建的全国最长水下隧道太湖隧道正式通车，驱车前去太湖堤岸“打卡”的市民络绎不绝，高品质、高颜值水下隧道成为无锡市新地标。近4年的建设期，让参与了隧道全程建设的项目常务副经理李宝枝更加老练，永远不变的是他身上那套蓝色工作服和架在鼻梁上稍显破旧的银框眼镜。

已经36岁的李宝枝，从业13年。先后参建过无锡金旺庄路、常溧高速、青岛地铁R3线等近10个工程，逐步从施工员成长为一名优秀的项目负责人。那副稍显破旧的银框眼镜是他的标签，摘下眼镜，银色框架留下的白色印记是他在无数个烈日炎炎下穿梭于工地的“徽章”；扶正眼镜，抖擞精神，似乎没有他解决不了的难题。

事不避难，挑战技术难题要大胆地干、坚决地干

水下建隧道，渗水是质量通病。中交三航局三公司承建的太湖隧道马山段主体需浇筑近100万立方米混凝土，最深处需下潜至太湖水底20米，防水成为最大难题。

“我不喜欢做‘差不多’先生，要做就做到最好！”时任生产副经理的李宝枝决心集中力量攻克防水难题。

那段时间，李宝枝每天三点一线，穿梭在实验室、会议室、办公室之间，攻关小组最终制定出“以混凝土结构自防水为根本，以接缝防水为重点，并辅以全包防水层”等多道防线的综合治理防水体系，并通过反复试

▲无锡太湖隧道项目

验解决了原材料选型和混凝土配合比的关键问题。

然而，在混凝土样品首次浇筑时却出现了裂缝，效果并不理想。李宝枝干脆将攻关小组的办公室“挪”到了现场，经过反复检查终于发现了问题所在。原来，为了入模控温增加混凝土强度，工人需将冰破碎后掺到砂石料中，而在浇铸过程中，人工水平参差不齐，漏振现象导致混凝土浇筑不密实，裂缝由此而生。

“浇筑时混凝土内部是否密实谁都看不清，能否想办法在里面安上‘眼睛’来监督浇筑？”依照这个思路，攻关团队很快研发了一款“混凝土振捣智能监测系统”，采用分布式光纤传感技术，一旦探测到振捣不密实或者浇筑温度过高等问题，系统就会及时警报、反馈数据，现场工人也可以迅速纠偏，裂缝问题因此得到解决。此外，李宝枝还提出组建砂石料自动运输系统方案，解决了砂石料清洗的二次转运问题；当淤泥固化遇到瓶颈时，李宝枝经过缜密分析决定引进螺旋式固化机，并拍板让外侧便道淤泥固化先行，如期实现170万固化方量的完成。

在李宝枝的带领下，项目团队不畏艰难持续钻研，目前隧道未发现一道贯穿性裂缝，而光滑平整、“美上加美”的清水混凝土敞开段更是收获了多位中国工程院院士的“点赞”。

▲无锡太湖隧道项目

管理项目不能“偏科”，每一个细节都不能落下

太湖隧道项目工程体量大，施工难度高，交叉作业多，施工最高潮时期，16个班组在现场同时作业，产业工人数量达1500名。

进场初期，李宝枝对着密密麻麻的施组计划有些发愁。“交叉作业多，就容易乱，要想不出错，方方面面都要立好规矩。”

以劳动竞赛为抓手，李宝枝创新性地提出了“工厂工点化”管理模式，将班组施工队伍人员、材料、机械等生产素材进行工点划分，并安排项目部技术人员“盯梢”管控。“这种模式将不同班组的几个人组成一个新团队，给他们划分‘责任田’，制定目标。”李宝枝解释道。在此基础上他还对每项工作定岗、定责、定人，明确奖罚制度，激励大家的工作积极性。

“落后要挨罚，领先有奖励，我们都不想被罚。”钢筋班组的刘勇对李宝枝的管理方式很是佩服，“在这种模式下，大家都有种‘你追我赶’的劲头。”随着管理模式的进一步完善，大体量施工的组织难题迎刃而解，项目各个工期阶段均保持良好的施工进度。

“身为党员，我理应冲锋在前！”

“不好，降水量太大，边坡有失稳危险！突击队现在集合，立即随我去现场！”2020年7月的一天，李宝枝紧急召集防汛抢险突击队，一边联络好水泵、铲车、装载机、沙袋等机械和材料，一边带领着突击队赶往现场。

进入梅雨季以来，无锡地区遭遇多轮强降雨袭击，太湖流域防汛抗旱总指挥部启动防汛Ⅰ级应急响应，形势严峻。作为“领头羊”，李宝枝冲在最前面，扛沙袋、固堤坝，争分夺秒与洪水赛跑。

应对连续的强降雨，做好抽排水工作是重中之重。在李宝枝的带领下，项目部推行区域划分管理制度，采取就近原则为每家施工队伍划分“责任田”，明确责任，分段抽排。李宝枝要求应急抢险突击队严格执行24小时值班带班制度，防汛工作一天不结束，李宝枝就睡不了好觉。从编制值班表，巡查围堰安全、基坑抽排水，到对安全生产和汛情开展有效的应急处置，李宝枝永远坚守在第一线。

这一系列防洪防汛应急处置工作，不仅保证了太湖隧道工程和周边居民安全度过汛期，也避免了国家财产损失，被央视《新闻联播》报道。

李宝枝的银框眼镜掉入过基坑的淤泥中，落入过太湖的浅滩边，而他总是在俯仰之间蓄积更加高昂的斗志，打开更加广阔的视野。如今，李宝枝又带领项目团队拉开了建设无锡大成路项目的序幕，这是中交三航局三公司参建的无锡宛山湖生态科技城启动的第一个重大基础设施项目。新征程上，中交青年逐梦筑梦的脚步从未停止。

5个春秋演绎了国家高山滑雪中心“绿、黄、白、绿”的变装转换，在巍峨的小海坨山上雕琢出“皇冠上的明珠”，巧夺天工，蔚为壮观，“雪飞燕”惊艳世界。

付召坤

中共党员
高级工程师

冬奥路上的追梦人

中交一公局集团华中公司总经理助理兼国家高山滑雪中心第二标段项目经理。2017年，带领团队进驻北京冬奥会延庆赛区国家高山滑雪中心所在的小海坨山，承担总长度22942米的7条比赛雪道、15条技术雪道、2条拖牵雪道、2条回奥运村雪道的建设任务和国家“十三五”重点专项“科技冬奥”子课题研究。建设的赛道一次性通过国际雪联认证，被国际雪联专家称赞为“世界上最好的五条雪道之一”，编制的《高山滑雪雪道施工规程》填补了国内外空白。2022年2月4日，在北京冬奥会开幕期间，带领100名保赛人员负责6个项目6大区域的保赛任务，实现了“零事故、零事件、零投诉”的保赛目标。先后获得北京延庆区“冬奥最美建设者”，中交集团“优秀共产党员”“品牌员工”等多项荣誉。

“广大冬奥建设者发扬工匠精神，打造了巧夺天工、世界一流的场馆设施。广大办赛人员严谨专业完成赛事组织工作，为运动员创造了良好比赛条件。”听完习近平总书记在北京冬奥会、冬残奥会总结表彰大会上的重要讲话，付召坤作为冬奥工程建设者和保赛者心潮澎湃，万分激动。

顶风冒雪，打造样板

“仅仅3年，我们就在山上建起总长近23千米的26条雪道，建设成了

▼高山滑雪项目效果图

国内首例符合国际标准的高山滑雪赛道。”回忆起3年的建设时光，项目团队顶风冒雪的画面，付召坤感到恍如昨日。

在项目正式开工前，得知国际雪联主席鲁西将在2017年11月26日对赛区进行考察，北京冬奥组委决定建设一段高山滑雪赛道的样板段，此时国内任何一家企业、任何一个团队、任何一个人都没有建设过满足冬奥会要求的比赛赛道，很多企业都不敢接这个烫手的山芋。

16个风雪中的日夜，冰天雪地中人在山上呼吸会变得特别急促，为了雪道样板的顺利完工还要坚持24小时不间断作业，甚至连续工作48小时的情形都出现过，现场管理人员大多被冻伤。付召坤依然清晰地记得雪道上疾驰的寒风如同锋利无比的刀子，吹在脸上硬生生地疼，但是再苦、再累他们都坚持过来了，他们用执着与汗水成功“造”出80米样板段，填补了国内空白。国际雪联主席鲁西在现场检查指导的时候，多次用“very good”“perfect”等词汇对样板段建设给予了高度肯定。

践行使命，绿色办奥

6条比赛雪道、15条技术雪道、2条拖牵雪道、3条回村雪道，占赛区

▼国家高山滑雪中心

▲国家高山滑雪中心

雪道总数量的96%……自2018年1月起，近千名建设者在崎岖不平的山坡上分段作业，打响了一场场攻坚战：首先打造“S”形施工便道，再根据不同地形进行土石方施工——或“削平”山脊，或“填平”山谷，随后进行边坡防护、铺设造雪系统，最后开展生态复绿。在日复一日的努力下，雪道的长度不断延伸，最终在2020年底顺利完工并投入使用。北京冬奥会时，在这些赛道上举办了精彩的大回转、回转等比赛，产生了7枚奥运金牌。

“这么高大上的工程，用什么高精尖装备了吗？”面对兄弟单位的疑惑，付召坤笑着说道：“山区施工限制条件很多，有些区域坡度接近70%，许多先进装备都派不上用场，咱们只能下苦功夫、用笨办法，一点点往前推。”

在困难面前，付召坤带领团队创新方法逐一克服：优化设计方案、调整雪道形态，将挖方64万立方米、填方35万立方米改为挖填方均在45万立方米左右，实现挖填平衡，减少外弃方量29万立方米，由此缩短工期6个月；为解决陡坡运输难题，从人背马驮、遥控履带车到直升机吊装，想尽一切办法，特别是独创了一套长距离、无动力的溜槽运输系统，在挖掘机

▲国家高山滑雪中心

无法作业的地方，让碎石土等物料坐着“滑梯”自动下降。

在追求施工效率、工程质量的同时，项目团队始终坚持“绿色办奥”，注重环境友好。付召坤将一些有心之举娓娓道来：“护树”——施工红线外用地坚决不破坏，红线内树木尽量保留；“护草”——对海拔1800米以上的亚高山草甸进行剥离、过冬保存、回铺利用；“护种”——土石方工程施工前，将地面以下15～20厘米厚的一层腐殖土剥离储存，待造雪工程完毕后再回铺，从而有效保存土壤内的种子；“复绿”——对上下边坡和雪道面最大限度地进行绿色生态修复……最大限度地保护了周边环境，真正贯彻了“绿色奥运”的理念。

保赛有我，圆梦冬奥

在冬奥会开幕前，为了保障赛事顺利进行，中交一公局集团华中公司党委成立保赛临时党支部，选派100名青年志愿者参与各项赛事保障工作，圆满完成了各项保赛任务。中国体育健儿在一公局集团建设的赛道上创造了“1金7银4铜”的佳绩，获得了历史性突破。

“爸爸，冬残奥会都结束了，您什么时候能回家啊？”

“爸爸隔离期结束就回来了，你在家要听妈妈的话。”付召坤在视频里对孩子说。付召坤所在的延庆赛区保赛范围最大、海拔落差最大、专业最多，保赛任务重。冬奥会、冬残奥会保赛期间，他和团队每天早上5点起床出发，前往值守点位，在-20℃的严寒天气和冰雪环境下，要负责6个项目6大区域，分布在海拔900～2198米范围的保赛任务。从1月23日闭环管理开始，直到冬残奥会闭幕，他们要隔离“14+7”天，才能返回项目部。

保赛期间，通过大家的共同努力，一公局集团保赛团队圆满完成国家高山滑雪中心冬奥会和冬残奥会的各类比赛，实现了“零事故、零事件、零投诉”保赛目标，受到了国际奥委会主席巴赫、参赛运动员、专家等各界人士的一致好评，国家高山滑雪中心被国际单项体育组织认证评价为“世界领先的高山滑雪场馆”，国家高山滑雪中心项目被特别授予鲁班奖。

“作为一名中交建设者，能有幸参与冬奥会工程建设，为举世瞩目的冬奥盛会贡献自己的一份力量，让我倍感荣光。”付召坤说。

他胸怀大局，为企业利益据理力争，扭转不利局面；面对当局动乱，临危不惧，带领团队完成项目收尾全身而退。海外从业十一载，他用忠诚和担当诠释了中交海外人的初心和使命！

用忠诚和担当
诠释初心使命

王耀龙

中共党员

高级工程师

中交二公局国际公司塞尔维亚诺维萨德–鲁马快速路项目二标段项目经理。2011年，在斯里兰卡公路项目，带领团队克服场地移交缓慢及季节性暴雨等不利因素，以“零缺陷、强履约”成功拓展市场，保证后续项目继续实施；2016年，进驻缅甸，吃透合同规定、变挑战为机遇，主持了包括历时10个月谈判的“石山变更”在内的4项重大变更，带领缅甸公路项目实现扭亏为盈；2021年，在塞尔维亚隧道项目中创新提出打造第三国劳务输出基地等措施，推动项目建设提效提速，为企业在海外高质量发展注入新动能。获得中交集团暨中国交建“劳动模范”、中交二公局“优秀共产党员”荣誉称号。

2021年5月，伴随缅甸克伦族优美的音乐和欢快的舞蹈，缅甸道路项目通车了，一位穿着安全服、戴着安全帽的中国工程师流下了激动的泪水，他便是建设这条连接泰国和缅甸经济大动脉项目的负责人王耀龙。

从合同里“嚼”出效益

2016年，王耀龙调至缅甸项目担任项目经理。为扎根市场，该项目在投标阶段对成本进行了很大的压减，经营压力巨大。面对这块“硬骨

▼缅甸东西带道路改扩建项目

头”，王耀龙每天都在思考如何利用变更索赔等手段“开源节流”，改善经营状况。

缅甸项目使用的2010版菲迪克合同文件和技术规范对团队来说完全陌生，学习菲迪克条款、研究合同文本成为项目团队的主攻方向。王耀龙带领团队成员白天忙工地、晚上学规范，对照主合同“咬文嚼字”。机会总是留给有准备的人。合同要求的改良土施工工艺相当复杂，工作效率低，成本高，王耀龙对此反复研究，在合同中的“或者使用天然材料”这一技术规范中找到了突破口。经过研讨，团队计划把复杂的改良土施工工艺变更为使用承载力更大的底基层天然砾料。但在跟监理提及替换材料的可能性时，监理的态度却很坚决，说合同就是合同，项目照着合同施工就行，不要白费力气，当地以往多个项目都是这么施工的。王耀龙不轻言放弃，第二天，他就带着项目技术骨干，一起前往沿线及周边的土场进行了“地毯式”考察。很多山路车辆无法进入，他们只好徒步前往。好在功夫不负有心人，他们成功找到了一处合格替换材料和土场。最终在翔实的试验数据面前，监理、业主不仅同意了变更方案，更对项目团队的坚韧毅力表示赞扬。此次变更的成果在项目上掀起了一股“合同研究热”。随着工程的

▼斯里兰卡CBD二期道路改造项目

▲斯里兰卡CBD三期道路改造项目

不断实施和推进，项目接连完成了其他3个设计和施工工艺变更，在成本管控方面取得了丰硕的成果。

十个月“拉锯战”实现逆袭

2018年5月，正当项目施工渐入佳境的时候，业主强令项目更换原石山，工程被迫全面停工。王耀龙的神经再次紧张了起来，稍有不慎，项目就可能面临天价赔偿或被要求撤场。冷静下来后，王耀龙迅速组织项目自查，收集整理对项目有利的材料，向业主做了澄清并说明了更换原石山将带来的负面影响等，抓紧开展索赔工作。然而，业主却对索赔申请一拖再拖。工期迫在眉睫，项目团队心急如焚。王耀龙心里清楚，这个时候绝不能盲目地以牺牲项目成本和利益为代价求“快”。他坚持每天继续研究新的石山更换方案，并深入分析业主的心态，将索赔调整为变更重新上报，终于打开了谈判的突破口。

变更方案牵扯细节甚多，整个谈判过程异常艰难，双方都在来回试

▲斯里兰卡CDB三期道路改造项目C13分部

探着对方的“底线”，业主的一个要求，项目的核算就要推倒重来……每次前往谈判的路上，王耀龙都要在车上一遍遍斟酌费用计算的合理性，生怕在谈判过程中出现任何差错。经过10个月的“拉锯战”，项目团队让业主接受了更换原石山不是承包商的责任，也正式同意了项目提出的补偿金额和17个月的工期延长申请，从根本上扭转了项目经营结果。在10个月的谈判过程中，王耀龙一直做着谋划，复工的方案在他的脑海里“彩排”了无数遍，只等复工令响。业主批复复工后，短短12天时间就完成了新碎石场的设备搬迁、安装和调试等工作，并于复工前顺利开始生产施工所需石料。

10个月的谈判期，12天的复工期，“快”与“慢”之间的强烈对比，让业主见识到了“中国速度”“中交速度”。

炮火中坚守创造奇迹

2021年2月，又一个春节，正当项目团队喜气洋洋、热火朝天地向着完工目标奋进时，缅甸政坛风云突变，政府军直接接管政权，暴力冲突不断升级，外部势力伺机蓄意煽动当地民众情绪，对多家中资企业纵火打砸。眼看着项目即将完工，王耀龙一时陷入了两难的境地。在员工大会上，王耀龙征求员工的意见，此时团队成员团结一致，都要求留下来，完成最后的冲刺，表示不想带着遗憾离开。愿望虽好，但任何一名员工受到伤害，都是王耀龙不愿看到的，想要继续留守，他就必须有万无一失的安保措施。

王耀龙组织项目部对继续施工的安全性进行了全面评估，增加了安保力量，加固了原有安防设置，制定了应急预案，开展了应急演练；并通过项目安保公司联系到了中央军政府和地方武装，向他们表达了想尽快完成施工以促进区域经济发展、造福周边民众的想法，得到了对方的认可和支持，表示对周边可能出现的武装冲突，会提前向项目预警。不久后的一天，安保公司电话告知项目第二天上午周边的山上“会有情况”，项目员工提早撤离了施工现场。第二天早上，山上果然响起了此起彼伏的炮火声，中午接到了可以施工的通知，项目又迅速组织施工，不敢浪费哪怕一分钟的时间。最终，在政权更迭后的3个月内，王耀龙带领团队交出了提前完工的满意答卷。缅甸建设部专门发来了感谢信，对项目团队表示感谢，更对团队专业的工作技能、敬业精神及超强的履约能力表示敬佩。

如今王耀龙来到了塞尔维亚，担任“一带一路”旗舰项目——诺维萨德–鲁马快速路第二段项目经理。他已迅速完成“多国部队”的集结，带领项目团队开始迎接新的挑战。

何玉龙

中共党员

教授级高级工程师

二十五年坚守，让他从普通技术员成长为优秀的企业管理者，他带领团队打胜仗、创佳绩，实现企业华丽转型，用青春和奋斗诠释着一名中交人的灼灼赤子心。

孜孜不倦的最美奋斗者

中交建筑集团东南公司党委书记、执行董事。中交建筑“扭亏脱困”的典范、“公司外迁”的标杆，敢为人先、攻坚克难的“闯将”。2020年初，接手步履维艰的原中交四公局八公司，使2019—2021年新签合同额从17亿元升至85亿元。经过两年努力，企业扭亏创效额达2.56亿元，并在2021年首次实现扭亏为盈，带领企业走上高质量发展的快车道。获得2021年度中交集团暨中国交建“优秀市场经营工作者”荣誉称号。

“工贵其久，业贵其专。”何玉龙如是说。作为在中交系统工作26年的“老”中交人，他始终铭记“幸福是奋斗出来的”。通过18年项目基层一线和8年多三级公司领导岗位的锻炼，他从一名普通技术人员成长为企业负责人，经历过十几个全国各地的项目，也在十几个不同的基层岗位上历练过。对他来说，工作中绝大多数因素都是变量，而唯一不变的，是一丝不苟的工作态度和精益求精的“工匠精神”。站在公司的全国项目分布图前，他的眼中有留恋、有感慨，但更多的是坚毅和自信。“年轻干部必

▼2021年9月，东南公司龙湖客厅项目正式开馆

须到基层项目锻炼，只有在基层才能最全面地了解问题、解决问题，快速成长。”这是他在项目基层一线调研时和年轻技术人员经常讲的一句话。

“乘风破浪”冲在前　戴着口罩跑市场

2020年初，何玉龙时任中交四公局建筑公司总经理，公司各项指标在局里排名靠前。就在这一年，组织上对他提出新的要求，希望他能接手当时严重亏损、步履维艰的原八公司。谁都知道这个挑战对何玉龙来说意味着什么。但是在“走与留”这个问题面前，到了不惑之年的他竟没有一丝犹豫。他深知这一去，不仅要做一名“乘风破浪”的领航人，更要做一名不负组织重托的担当者。

何玉龙接手原八公司时，公司各项指标处于历史最低谷阶段。他深谙企业要发展，作为企业负责人眼睛必须向前看，必须用增量的发展解决存量的问题！多年项目基层和三级公司的多岗位历练，让他很快找准了扭亏

▼2022年5月，东南公司霸州方舱应急隔离点二期项目提前三天完成建设任务

脱困的胜负手——“必须做好两个经营”：拿项目、管项目。一方面，他主抓市场经营“拿好项目”，快速调整市场定位、区域布局和开发模式，明确了“房建+市政、公路+轨道+”的多元发展思路，配套提出“4+N”全员开发模式。“哪怕只有一线希望，我们也必须尝试。”为此，尽管疫情时有反复，但他完全顾不上，戴上口罩跑市场，撸起袖子加油干！几乎每场对接会都有他的身影，河南、浙江等省份都留下了他匆忙的脚步。在他的带领下，公司年新签合同额一路飙涨，从2019年的17亿元升至2021年的85亿元，2020年至今已中标25个项目，新增9个城市办事处，“拿项目”的能力有了很大提升。

改革创新好舵手　企业开上“快车道”

何玉龙在“管项目”方面始终要求，“在建项目不仅要干好，更要管好”。他凭借丰富的管理经验进行了一系列管理创新，组织各部门优化、补充公司管理制度，着力推动管理提升、流程优化、按制度办事，解决管理不顺、效率低下等问题。他找到企业的“痛点”“难点”，着力完善公司管理体系，形成公司“部门+中心”的模式，先后成立预算、技术、二次经营、BIM技术应用、监控中心等一系列平台中心，全面提升公司运营质量。

“企业想做好，必须标准化！”何玉龙积极推进标准化、精细化管理，部署制定各业务部门、业务板块标准化手册，同时推行项目班子配置标准化，努力锻造结构优、能力强的项目经营班子；大力引进紧缺型人才，建立后备干部人才库，推行竞聘上岗，为企业发展提供人才保障。

“企业不消灭亏损，亏损就消灭企业。”何玉龙多次召开扭亏治亏、管理提升等专题会议，大力营造“创效光荣、亏损可耻”的氛围，成立了遗留问题处理领导小组，2年内处理完成20个项目中11个项目的遗留问题，明确扭亏治亏目标，对治理情况进行实时跟踪。经过2年坚持不懈的努力，企业扭亏创效金额达2.56亿元，公司在2021年实现利润总额4000多万元，首次扭亏为盈。

▲佛山市湾华控制中心项目

凭着一股锲而不舍的韧劲，何玉龙攻克了一道道难关，公司终于甩下沉重的历史包袱，走上高质量发展的快车道。实践证明，唯改革者进，唯创新者强，唯改革创新者胜。

永葆初心本色　肩负使命担当

作为公司党委班子的“班长”，何玉龙始终旗帜鲜明讲政治，认真履行第一责任人责任。他严格按照“116”党建工作思路，着力解决党建工作基础不牢、党建融合不深的问题，积极构建“大党建”格局，以高质量党建统领企业高质量发展。他不忘央企的社会责任，牢牢把握“从群众中来到群众中去”的工作方法，扎实推进“我为群众办实事”活动。同时，他牢记一名党员肩上的责任与担当，在甘肃陇南2个项目遭遇百年暴雨时，他和相关班子成员急速赶赴项目，亲临一线指挥救援。经过不分昼夜地一次次抢险救灾，项目员工及作业人员共计576人终于全部成功转移，无任何灾情伤亡。

公司的同事私底下喜欢用“行事果敢、作风凌厉的领头羊”来形容何玉龙；在上级领导看来，他更是一名时刻发挥共产党员先锋模范作用的优秀党员。为响应国家“疏解非首都功能”政策号召，2021年7月，何玉龙带领公司全体员工发扬“不讲困难、不谈条件”的“外迁精神”，仅用4个月时间就快速从2000公里外的北京奔向厦门，扎根鹭岛。几个月后，当厦门出现疫情时，何玉龙又主动放弃休假，坚持“两点一线”到岗，与公司各项目组一起抢抓施工黄金期，真正做到“疫情防控和生产经营两不误”！

2022年，围绕“高质量发展落实年”主题，何玉龙又有了新思路——开展“执行力提升年”活动，突出党建统领、深耕区域现汇市场、狠抓制度执行力、提升产值转化率等方面的重点工作，向着新的目标全力迈进。

何玉龙身上正是无数个投身基建事业并为之奋斗的中交人缩影：开拓创新、锐意进取。每一份平凡的努力，终将汇聚成大江大河；每一个人的锐意进取，终将凝结成澎湃力量。

▼宁波城市会客厅项目

李晨雨

中共党员

高级工程师

十年磨一剑，砺得梅花香。他是勇敢奔赴柬埔寨的奋斗者、追梦人，用行动书写柬埔寨大地发展的故事新篇，在“一带一路”建设中绽放生命芳华。

在异乡书写奋斗诗篇

中交路建海外分公司柬埔寨办事处党支部书记、主任。2019年，兼任柬埔寨高速公路第一标段项目经理，带领团队全面提升项目运营质效，在5个标段中进度、安全、质量、效益都取得全面领先，在业主2021年年终考核中位列第一名。与团队深耕柬埔寨市场，在巩固传统优势领域的同时，实现了房建、交安绿化、机电工程、改性沥青生产等新业务领域的重大突破。获得“柬埔寨王国萨哈梅特里骑士勋章”，2019年、2021年中交路建“优秀项目经理”，中交路建海外市场突出贡献奖，业主“优秀项目经理”等荣誉。

从刚毕业时进入工地开启人生新篇章的职场新人，到如今深耕柬埔寨市场的“一带一路”建设筑梦人，李晨雨在柬埔寨大地上已经整整奋战了10年。10年来，李晨雨就像辛勤耕耘的老黄牛，孜孜不倦地做好每一件事情。面对办事处千头万绪的生产经营和市场开发工作，不管再累再忙，他总是给人沉稳内敛的形象，总是一步一个脚印，坚守初心，努力奋斗，用实际行动诠释着“劳模精神”。

初涉异域，锐意进取为人先

2012年，李晨雨自告奋勇申请调往条件艰苦的柬埔寨41号公路项目，开启了他与柬埔寨的不解之缘。生活工作环境的巨大差异、高温湿热的恶劣天气、毒虫蛇蚊出没的危险环境、语言不通的施工现场、迥然不同的施工标准……一系列层出不穷的问题让他明白真正的考验才刚刚开始。

世间万事出艰辛，任何成就的取得都要一步一步脚踏实地去实现。白天，他赶赴现场，指导施工；夜里，他穿着防蚊长衫长裤，研究优化施工方案，对着电脑练习柬埔寨语。在干好本职工作的同时，面对项目上的急难问题，他也总是积极参与谋划，并给出创新性意见。一些同事很是为李晨雨刻苦钻研的狠劲儿和“多管闲事”的积极劲头感到不解：“你干好自己的本职工作就好了，干吗给自己揽那么多活？公司又不会给你多发一分钱。”面对疑问，李晨雨不为所动，他心里明白“大河没水小河干”的道理，坚定地朝着公司需要的方向努力，用自己的实际行动带动身边人为了共同目标坚定前行。

历尽天华成此景，他和同事正是秉持着敢为人先、锐意进取的精神，克服各种现场困难，按时保质完成41号、44号公路项目建设任务，使得公司在柬埔寨市场站稳了脚跟，并收获了各方广泛赞誉，41号公路还荣获中交优质工程奖。

击水中流，奋发图强破险关

2015年，李晨雨担任柬埔寨55号公路C标段项目负责人。项目位于柬泰边境，是柬埔寨有名的无人区，跨越豆蔻山脉原始森林。原始森林内沟壑纵横，毒虫肆虐，猛兽出没，且密布战争期间遗留的地雷，险象环生。1年中至少有8个月下雨，经常发生洪涝灾害。“当时的条件太差了，无水、无电、无信号，阴雨连绵导致路况恶劣异常，山羊都会摔跟头，地雷较密地段，1千米的施工区域内排雷6000多颗。”一名现场施工人员回忆起当时的艰苦工作环境不无感慨地说道。

面对困难，李晨雨没有退缩，而是主动联系了当地排雷部队，调动

▼柬埔寨55号路

▲柬埔寨金港高速公路项目

己方资源合力对施工区域进行排雷作业，在极短时间内顺利完成了清表工作。面对无水、无电、无信号，几乎无路可走的现状，他组织突击队在险要的原始森林中开辟施工便道，采用肩扛人背的方式保证部分物资装备进场。遇到原施工图纸与实际现场情况不符时，他积极配合国内专家组说服业主进行设计优化，为工程优质履约奠定了坚实基础，交出了令各方满意的答卷。在55号公路通车典礼上，柬埔寨首相洪森动情地说："55号公路是我们国家施工最困难的公路，建成之后也是最美的公路，感谢工作在这里的中国朋友们。"

2018年，李晨雨任职公司柬埔寨办事处负责人，角色的转变令他深感责任重大。从管理1个项目到同时管理跨数个省域的5个项目，使命更加艰巨，任务更加繁重。尽管没有成熟的经验，但他没有畏葸不前，而是坚定前行。只要有需要，他就会在第一时间赶到现场。有时，他一天要辗转数省几个项目，遇到各种困难他都顶在最前方，他坚定的足迹深深地印在柬埔寨大地上，印在所有同事的心里。

正是那段时间使大家知道他有"四个多"：会议多，只要不去现场基本在开会研究工作；电话多，在车上、在食堂、在现场，电话几乎不断；手机多，同时带上不同类型的几部手机，哪部有电、信号好就用哪部；司机多，频繁往返于各项目，1名司机顶不住，就带2名司机换着开车。每天都能保持十足的劲头，这跟他的休息方式是密不可分的，也就是“碎片化补觉”，在办公室、会议室、车上，在等待开会的十几分钟，或是坐车去项目的一小段时间，他随时随地都能迅速进入睡眠状态。

2019年4月，“一带一路”重点项目柬埔寨金港高速公路开工建设，李晨雨兼任全线5个标段中线路最长、征迁最难的第一标段项目经理。他在抓好防疫工作的基础上，通过优化施工组织、强化成本管控等一系列措施，带领项目迅速突破困局，全面提升项目运营质效，实现项目在5个标段中进度、安全、质量、效益全面领先。2021年，项目在业主组织的4次季度考核中名列前茅，并在年终考核中勇夺第一名。

十年磨一剑，扎根海外绽芳华

志不求易者成，事不避难者进。10年来，李晨雨带领团队深耕柬埔寨市场，全力打造中交路建品牌，带领团队累计完成开发额2.49亿美元，在巩固了传统优势业务的同时，实现了房建、交安绿化、机电工程、改性沥青生产等新业务领域的重大突破，在区域内形成“横向多元拓宽领域发展，纵向深入打造品牌形象”的良好态势。2021年，中交路建在柬产值

▼2021年度工作会议暨2020年度表彰大会

▲与书法家喜迎新春佳节

首次突破1亿美元，再创历史新高。中交路建已占据柬埔寨市场最大施工份额。

“知责任者，大丈夫之始也；行责任者，大丈夫之终也。”数次华丽转身，无不显示着李晨雨对企业诚挚的忠诚和担当，也获得了大家的高度认可。李晨雨荣获柬埔寨王国萨哈梅特里骑士勋章，2019年、2021年中交路建“优秀项目经理”称号，以及中交路建海外公司市场突出贡献奖，并多次荣获业主“优秀项目经理”称号。

闪耀荣誉的背后，是数不尽的汗水和努力，是他敢闯敢拼甘心奉献的顽强斗志。当前，海外疫情防控和生产经营形势依旧严峻，李晨雨和他的团队在艰苦的环境中负重前行，将青春和汗水奉献给“一带一路”伟大事业，在海外一线绽放生命芳华。

从吉布提多哈雷多用途码头一期工程，到阿布扎比哈里发港二期工程，他的汗水洒遍了“一带一路”沿线国家；以中国心为笔，将中国港作墨，他的钻研和创造为世界带来了“中国智造”。

在“一带一路”绘就“中国智造”蓝图

江　义

中共党员

教授级高级工程师

中交三航院海外事业部水工一室主任、主任工程师。参与吉布提多哈雷多用途码头一期工程、阿布扎比哈里发港二期工程、澳门国际机场扩建项目等多项重大项目的设计工作。参加省部级以上研发课题6项和公司级课题8项，参与制定行业标准《装配式高桩码头设计与施工规范》与《码头结构加固改造设计规范》。获得省部级科技进步奖和工程优秀设计奖6项。先后获得“公司青年岗位能手”“先进生产工作者”“三航院60周年十大青年科技英才”、上海市“城市之星优秀青年”、中施协工程建设科技创新人才万人计划“青年拔尖人才”、中交集团“劳动模范”等荣誉。

从博士到工程师，再从工程师到博士

江义在三航院挺有名，最早有名的原因不是他的工作业绩和技术创新，而是他在入职时跟面试官的表态。

2013年4月，江义刚从大连理工大学毕业，就收到了三航院的面试offer，当时的面试官对他的所有条件都很满意，只是对身为博士的他能否沉入一线从工程师起步有所疑虑。江义当场铿锵有力地表态：前3年请公司不要把我当作博士，接下来的3年我会证明自己是个博士。江义是这么说的，也是这么做的。他从海外事业部水工一室一名普通工程师做起，踏踏实实地埋首于各种设计方案、图纸与软件中，兢兢业业地投身到项目一线。在熟悉、掌握生产技能和经营本领的同时，他又在公司总工程师们的指导下，积极开展港口水工结构新结构、新工艺等的研发，陆续参加了一些关于中外规范比较研究、码头加固改造、装配式高桩码头等方面课题的研发工作。2017年，他作为中交重大课题"装配式桩基码头关键技术研究"的负责人，主持完成了高桩码头的标准化设计、节点连接技术、施工和质量检验技术等关键技术的研发工作，项目研究成果已成功试点应用在连云港徐圩港区等多个码头工程。10年来，江义先后参加了国家和省部级等研发课题6项和公司级课题8项，主编行业标准《装配式高桩码头设计与施工规范》（在编）、参编行业标准《码头结构加固改造设计规范》。江义履行了他入职时的承诺，切实做到了工程师和博士身份的灵活转换，成为一名生产经营和技术创新"两手抓、两手硬"的突出人才。

▲阿布扎比哈里发港集装箱码头

扎根“一带一路”沿线，做倔强生长的骆驼刺

在“一带一路”沿线国家和地区，在东南亚、美洲、非洲的盐碱地和戈壁滩上，你能见到的唯一绿色是一种枝干如铁、叶小如刺的灌木，它就是骆驼刺。

“我就是一棵骆驼刺。”江义常常这样说，黝黑的面孔上露出满嘴白牙。是的，能在最贫瘠、困难的环境中深深扎下根来，这就是他们最大的共同点。入职三航院海外部10年来，江义常常被派驻到最艰苦的海外项目现场，他10余次远赴非洲的吉布提，中东的阿布扎比，美洲的墨西哥，东南亚的菲律宾、缅甸、印度尼西亚、马来西亚等“一带一路”沿线国家和地区参与海外重大项目现场。由于经常在50℃左右的高温下工作，一脸黝黑的他再也看不出当年白面书生的模样；而与骆驼刺散播绿色和生机一样，江义凭借精湛的技术和优质的服务得到了业主、总包及监理方的充分肯定，在每一个项目现场留下了中交良好的口碑，为后续开拓当地市场做出了积极贡献。

带好头、行好事、做好人

自江义2019年担任室主任以来，海外部水工一室的整体氛围和凝聚力明显得到提升，问起他的管理秘诀，他却笑着说：“哪有什么秘诀，我其实不太会管理，只是在工作中牢记困难的工作先做、艰苦的项目先去、麻烦的要求先执行。”正是这三个“先”，江义以身作则带领班组成功完成了多个重大项目的投标、咨询和施工图设计工作。特别是在近期海外业务受新冠肺炎疫情冲击的大背景下，他努力挖掘每一位团队成员的潜力，经常通过电话、视频、在线会议等形式解答疑难、解决问题，鼓励士气。水工一室团队迎难而上，克服居家办公的种种困难，为公司在文莱、俄罗斯、中国澳门等境外市场和福建、广西等国内市场的经营生产发展做出了不小贡献。

▼吉布提多哈雷港一期工程

▲上海吴淞口国际邮轮码头后续工程

2022年，上海新冠肺炎疫情暴发后，江义在忙碌的居家办公之余，主动前往居委会报到，积极参加社区志愿者活动，社区内部的快递传送、防疫物资发放和核酸检测服务现场，常常活跃着他的身影。

“在人生最好的年华多做点有意义的事情，不负时代，不负韶华！”隔着口罩和面屏，隐约能看出江义黝黑的面孔，“我想这也是中交人应该有的精彩另一面”。

从武汉到雄安，发挥技术创新、人才资源和标准设计等方面优势，一手抓防疫，一手抢市场。2021年带领团队在雄安市政板块设计院中中标项目最多，勇做雄安勘察设计行业的排头兵。

永葆奋斗本色
筑梦千年雄安

赵海军

中共党员

教授级高级工程师

中交二公院雄安分公司负责人。2020年，新冠肺炎疫情蔓延期间，在公司领导统一部署下，赵海军带领团队一手抓防疫、一手抓复工，成功中标雄安新区起步区EA1和容西片区市政道路、综合管廊勘察设计项目，合同金额达1.5亿元；2021年，带领团队中标项目工程3个、项目建设方案2个、项目勘察设计4个，在雄安同类设计院中合同额稳居前列。获得中交雄安“优秀共产党员”和“‘学史力行’优秀个人”、中交二公院2020—2021年度“优秀共产党员标兵”、2021年度中交集团“劳动模范”等荣誉。

立足岗位　履职担当

雄安新区作为“千年大计，国家大事”关联着一个时代。在实现中华民族伟大复兴的征程中，赵海军砥砺前行，不负韶华，舍小家为大家，积极投身到雄安新区的建设中。

2020年，新冠肺炎疫情席卷武汉，在公司领导“一手抓防疫，一手抓复工”的整体部署下，雄安新区投标多达13个。那一年，赵海军始终奋斗在项目最前线，办公桌前、会议室内、投标文件旁经常看见他的身影，“白+黑”加班更是常态。功夫不负有心人，2020年5月，赵海军带领团队

▼EA1效果图

▲楼堤大街

中标雄安新区起步区EA1项目、容西片区市政配套道路及综合管廊项目，为二公院雄安分公司的发展打下了坚实的基础。

作为一名工程建设者，赵海军立足岗位，履职担当，入驻雄安已有3个年头，实现了当初“扎根雄安，筑梦雄安”的承诺；秉持着对设计负责，对新区建设负责的态度，他协调好分公司的生产管理工作，保质保量完成设计任务，解决现场遇到的各种实际问题，得到业主的认可及一致好评；实现了公司在雄安新区作为设计国家队的担当。

言传身教　模范带头

作为雄安分公司的常务负责人，赵海军工作严谨、细致，生活中深入了解员工想法，关爱下属，团结同事，主动接受来自各方面的批评，虚心听取上级领导和同事的意见与建议。在雄东片区B社区主次干路综合管廊项目中，他主动牵头对接地块、规划、管线等权属部门，摒弃传统大改大建的理念，充分论证各种管线入廊的必要性，1个项目拿出排列组合式施工图设计深度方案。在他的领导下，分公司员工总能按时保质保量完成

▲容西龙西大街

工作任务，踏实努力解决实际问题，整个团队形成了“比、学、赶、帮、超”的良好氛围。

“只要有赵院长在，我们就什么都不怕，只管大步向前冲。”同事们常常这样说。雄安分公司成立之初，从办公选址到设计装修，再到办公设备的选定，赵海军事必躬亲。他说：“只有这样，才能让我们的员工感受到家的温暖。”正是这样被真诚地对待，长期驻扎雄安分公司的同事心里由衷地感到温暖、亲切。轻松愉快的工作环境使得员工的工作热情高涨，团队凝聚力不断增强，工作效率得到了极大提高。

薪火相传　识人善用

雄安分公司现有19名员工，通过网络宣传、校园宣讲、同事推荐等多种途径，实现了属地化人才招聘，并将继续搭建人才技术平台，优化内部用人机制，发扬二公院“传帮带”优良传统，组建专业技术团队。同时，为补齐水、电、气等专业短板，赵海军积极谋划，通过多渠道引进给排水、电气及综合管廊等专业技术人才，充实人才队伍，进一步完善分公司组织架构建设。

赵海军提倡发现人才、培养人才、留住人才，不断探索员工个性化成才的方式方法，引导每位员工发现自己的优势，找准自己的定位。通过加强员工培训，定期组织专业内部交流讲座，提升公司人才素质；依托雄安项目精细化设计要求高的特点，积极引导分公司员工提升专业水平，提升“项目锻炼”的权重。此外，赵海军鼓励公司员工积极对接规划，主动指导施工，解决实际问题，提高综合素质。

道阻且长　行则将至

自担任雄安分公司常务负责人以来，赵海军始终坚持“技术经营、质量经营、服务经营、品牌经营”的经营理念，围绕雄安新区高质量发展需求，充分发挥分公司在技术创新、人才资源和标准设计等方面的优势，深耕雄安新区市场，秉持“把小事做细，把细事做透”的认真精神。

2021年，雄安分公司在赵海军的带领下，中标雄安新区3个工程、2个建设方案、4个勘察设计项目，合同额近5400万元，在雄安市政板块设计院中合同金额排名稳居第三位，且中标项目个数最多。

无奋斗不青春，无梦想不远航。在雄安千年建设的大局中，赵海军将带领雄安分公司全体员工以更加饱满的工作热情，投身雄安建设，不负人民、不负韶华，为雄安新区的高标准、高质量建设贡献更多力量，在大局中彰显作为。

他率队逆行入川，扎根震中，攻坚克难守初心，灾后重建显担当，用一片赤诚之心修复被大自然“撕裂”的伤痕，唤醒川南大动脉的勃勃生机。

崇山峻岭何所惧
一片冰心筑通途

李国梁

中共党员

高级工程师

中交养护集团S436巡玉路等四条省道改建工程总承包项目经理部项目经理。2019年6月，四川宜宾珙县地震后，率队逆行入川，在震区城镇首次引进碎石共振化技术，顺利打通灾后重建生命线，在不足8.5米宽的道路上保障了日均1.5万辆车的安全通行；面对新冠肺炎疫情，带头设立党员示范岗，实现了多个灾后重建项目提前通车；2021年，带领团队实现巡玉路项目如期贯通坝底隧道，桥梁、路基工程全线开工建设。带领团队获得中交集团“劳动竞赛先进单位”“平安工地”等荣誉；获得中国交建“六比六创”劳动竞赛“先进个人”、中交养护集团“优秀共产党员”“优秀项目经理”等荣誉称号。

当东方天际迎来星点红光时，他已是那粼粼红光中最美的一道风景；当落日浸染了整片大地时，他忙碌的身影依旧在施工现场影影绰绰。他就是中交养护集团S436巡玉路等4条省道改建工程总承包项目经理部项目经理李国梁。

“我是祖国一块砖，哪里需要哪里搬。”从2006年初出校门投身世界第一斜拉桥苏通长江公路大桥，到世界第三桥鄂东长江公路大桥，再到世界一流京沪高铁、沪宁城际高铁，襄阳汉江五桥、广东江罗高速、云南嵩昆高速、宣曲高速、四川宜宾临港东部产业园区、珙县S436巡玉路等4

▼G56杭瑞高速云南宣威至曲靖段大龙潭互通

条省道改建工程；从技术员到项目经理。17年来李国梁扎根一线，兢兢业业，初心不改，使命不怠。

2019年6月，四川宜宾珙县一场突如其来的6.0级地震打破了这座川南山城的安宁，147223人受灾，140余人伤亡，834户房屋倒塌，16285户房屋受损，S436巡玉路等主干道多处因灾中断，遍体鳞伤。震后的珙县，满目疮痍，百废待兴。37岁的李国梁临危受命，担任中交养护集团珙县S436巡玉路等4条省道改建工程总承包项目经理部项目经理。面对频繁不断的大小余震，如过江之鲫的社会车辆、管径不一的地下管网，蒙眼穿针的施工困局，李国梁迎难而上，攻坚克难，把项目经理部设置在震中。靠前指挥显担当，科技创新促发展，通过虚心求教、反复论证、科学试验，大胆在震区城镇首次引进碎石共振化技术，在顺利打通灾后重建生命线的同时，也在不足8.5米的道路上保障了日均1.5万辆社会车辆的安全通行，有效缩短了灾后重建工期，降本增效成果显著。2021年，李国梁编写的《旧水泥混凝土路面共振碎石化施工工法》被评定为中国交建公司级工法，并取得“一种用于水泥混凝土路面共振碎石化的洒水装置”等实用新型专利2项。

2020年2月，面对来势汹汹的新冠肺炎疫情和迫在眉睫的灾后重建，

▼S436巡场至玉和二级公路升级改造工程

▲鄂东长江公路大桥

他用时3天，率先从内蒙古辗转5省区逆行返岗回到四川，带头组织成立疫情防控党员示范岗，科学防疫，有序复工。在他的感召和带领下，项目经理部59名管理人员、172名农民工自发返岗，在全县灾后重建项目中率先复工复产。抢晴天、战雨天，向黑夜要时间，扎根震区守初心、灾后重建担使命，一个又一个困难被克服。杨悬路、罗曹路、将黑路、洛浦新寨项目、S443长宁龙头至珙县巡场灾后恢复重建，一个接一个灾后重建项目提前实现通车，1年前被大自然“撕”出的伤痕，经历重建“手术”后，“大动脉”逐渐愈合，重现勃勃生机。

2021年，珙县S436巡玉路等4条省道改建工程作为巩固乌蒙山集中连片贫困区脱贫攻坚成果、助推川南地区乡村振兴的重点民生工程，被纳入民生实事工程。该工程全长45千米，点多、线长、面广，面对频繁的地震、暴雨、滑坡等恶劣自然条件及高边、高墩隧道作业等高风险，在狠抓工程建设的同时，李国梁以管理增效助推企业高质量发展，全力打通安全生产“最后一公里”，项目团队凝聚力和竞争力显著提升，珙县S436巡玉路等4条省道改建工程自开工以来累计完成产值7.2亿元，为2022年项目提前通车奠定了坚实的基础。

3年间，珙县S436巡玉路等4条省道改建工程先后获得2019—2021年度

▲苏通长江公路大桥

四川公路建设企业信用评价A级，宜宾市“青年文明号”，珙县灾后重建“先进集体”，疫情防控“先进集体”、中交集团党委首批“党员示范岗”、中国交建2020年度“六比六创”劳动竞赛“先进单位”，中国交建2021年度“平安工地”，中交养护集团建党100周年先进基层党组织，2021年度“先进集体”等荣誉称号。李国梁本人也先后获得中国交建“六比六创”劳动竞赛“先进个人”，中交养护集团“优秀共产党员”“优秀项目经理”等荣誉称号。这一项项荣誉印证着他的专业与能力。

有决心干攻坚克难的冲锋者，守初心当高质量发展的管理者，用真心做“为群众办实事”的服务者。17年的行业沉淀，李国梁已成为公路养护领域的佼佼者。但他从来没有把自己当成权威，而是虚心求教、保持初心——做平安优质工程，建群众幸福道路。崇山峻岭间一条条美丽的道路都在诉说着他的付出与汗水。

保持“三心”——李国梁，永远战斗在路上！

他是污水处理的技术达人，更是污泥处置的行家里手，致力于变污为宝，用实际行动打好蓝天、碧水、净土“三大保卫战”，彰显了中交人生态文明建设的责任和勇气。

用智慧守护绿水青山

刘 波

群众

教授级高级工程师

西南市政院第二设计院总工程师。主要负责城市供水工程、污水处理工程、污泥处理工程的设计及咨询工作，完成近百项大中型市政给排水工程。承担设计的成都市第一城市污水污泥处理厂一期、二期工程项目分别于2013年和2020年建成投产，烟气排放指标远低于国家及欧盟2010标准，现已成为国内污泥处理处置的标杆型项目。获得全国优秀工程勘察设计二等奖1项，全国优秀工程勘察设计行业二等奖2项、三等奖1项，省部级优秀咨询一等奖2项，实用新型专利和软件著作权各1项；获得2018年“成都市五一劳动奖章”荣誉。

在西南院工作近30年的时间里，刘波数年如一日，凭借坚韧不拔的毅力、锐意进取的拼劲，从给水到污水，再到污泥处理处置，多年来他一路向行业标杆不断迈进，参与和见证了我国市政行业的蓬勃发展。

爱岗敬业创佳绩，无私奉献守初心

出身给排水，便决心投身我国水处理行业中，近30年的工作生涯，从设计师到部门总工程师，刘波任劳任怨、砥砺前行，积极投身城市供水工程、污水处理工程、污泥处理工程等市政给排水项目，参与完成了近百项大中型市政给排水工程。他善于创新和突破，乐于做“第一个吃螃蟹的

▼成都三污提标扩能

▲成都污泥一、二期航拍

人”，多次带领团队突破地下式污水处理厂、污泥焚烧厂方面的关键技术难题。

在大家眼中，刘波是名副其实的“工作狂”，在成都第三污水处理厂扩能提标改造工程中，因为项目工期紧、任务重、工艺流程复杂，刘波作为项目负责人一马当先、冲锋在前，和团队就项目方案进行反复讨论，研究关键技术难题，经常加班到凌晨。那段时间，同事总是开玩笑说，波总的黑眼圈从没消失过。为了进一步优化设计，刘波多次进行现场勘察，同业主保持密切的沟通交流，连续奋斗了30个日夜，项目最终保质保量完成设计并顺利投入运行。

在工作中，刘波常常告诫设计人员，市政项目乃民生所系，每一个专业技术人员都要秉持一丝不苟的态度，要严谨认真、踏实负责，不可有丝毫马虎懈怠！作为一名水处理设计人员，要时刻铭记在保障饮用水安全和城市生态文明建设中的责任，对工艺选择要深思熟虑，对每道尺寸、每个标高要仔细核对，这不仅是对自己负责，更是对广大人民群众负责。

锐意进取迎挑战，勇于创新克污泥

近年来，随着垃圾填埋场不断拒绝接受城市污水厂含水率高的污泥，

▲天府新区污水厂鸟瞰图

污泥的稳定化、无害化、减量化、资源化就显得十分迫切，如何给每天源源不断的污泥找一条合适可行的出路，成为刘波的心结。

在开展成都市第一城市污水污泥厂一期、二期工程（400+200吨/天）设计时，鉴于当时国内的污泥处置还处于起步阶段，可借鉴的经验不多。为保证项目设计能顺利进行，刘波带领团队夜以继日查阅资料，进行技术分析，多次对北京、上海等国内城市以及日本、韩国、欧洲等国家和地区的代表性污泥处置项目进行实地考察，经过研究论证，最终选择了国际领先的“半干化+焚烧”的污泥处置工艺，为项目的顺利实施奠定了基础。

污泥厂项目一期、二期工程自投运以来，平均日实际处理污泥量超过600吨，烟气排放指标（特别是NO_x指标约20毫克/升）远低于国家及欧盟2010标准。目前已成为国内污泥处理处置的标杆型项目，获得了国内外同行的一致好评。

甘为人梯育英才，言传身教出成效

人才兴，则事业兴；人才强，则事业强。刘波心系公司发展，深知人才是公司的命脉，他在日常工作中高度重视人才队伍建设，大胆起用年轻的技术人员担任项目负责人、专业负责人，让人才在项目中得到成长和锻炼。

2021年7月，在刘波的指导和鼓励下，工作仅3年的公司青年设计师参加了西南地区污泥处理处置创新技术及资源化利用技术论坛，在大会上做了以《国内外污泥处理处置现状、趋势及典型案例分析》为题的专题演讲，引起了现场专家学者的热烈反响，而这仅仅是刘波在工作中锻炼培养青年人才的冰山一角。刘波不仅是一名优秀的技术大师，也是一名负责任的导师，对青年技术人员他不遗余力地言传身教，为公司、社会可持续发展培养了包括多名专业总工程师在内的大批优秀技术人才。

时代车轮滚滚向前，我国市政行业从曾经的高速发展到现在的高质量发展，有一批批像刘波这样的技术人员奉献其中、奋斗其中，他们用匠心勾勒我国绿水青山的美好画卷，他们用汗水回应人民群众对美好生活的向往。未来的路还很长，相信会有新鲜的、年轻的“血液”汇流到我国市政行业，共同为“美丽中国”建设添砖加瓦、共同为“中国梦”添翼助力！

▼成都第一城市污水污泥处理厂鸟瞰图

贾海涛

群众

高级工程师

致力环保，二十余载力不遗；污水再生，翠湖洱源显膜力；海水淡化，董家口厂抢第一；优质饮水，太仓纳滤话神奇；驰援武汉，临危受命助抗疫；中华碧水，初心不忘志不移。

一生只为碧水蓝天

中国城乡北京碧水源设计院常务院长。主持和参与了200余项污水资源化工程、安全饮用水工程和海水淡化工程的技术研究、咨询、设计及项目服务工作。多次参与国家水环境治理的重大专项、重点工程，主持的北京引温济潮跨流域调水和云南环滇池流域治理水处理工程获得优秀工程设计奖；负责设计的江苏太仓水厂项目是我国首次使用纳滤膜技术获得高品质饮用水；在青岛董家口海水淡化项目中首次实现了我国万吨级海水淡化的国产化设计。获得教育部科技进步一等奖、中关村经济技术“创新标兵”、首届海淀园“创新工匠”等荣誉。

坚守初心、献身环保

献身环保，二十余载不遗余力；中华碧水，坚守初心不移志。

这既是贾海涛同志的远大理想，也是其真实写照。20年前，中国的水环境状况堪忧，社会经济的快速发展使水污染变得越发严重。当时，刚从武汉大学环境工程专业硕士研究生毕业的贾海涛，将这一切看在眼里，忧在心上。他当即立志，要以“中华碧水”为己任，为中国的环保事业奋斗终生！

▼翠湖新水源厂

▌心怀社会，甘于奉献，积极开展项目技术创新

自2006年加入碧水源公司以来，贾海涛已在公司一线多个技术岗位深耕16年。他坚持事必躬亲、勇于创新的工作原则，共主持和参与了200余项污水资源化、海水淡化和安全饮用水工程的技术研究、设计等工作，涉及工程规模达1500万吨/天，核心产品创收效益约150亿元，为我国“水脏”“水少”“饮用水不安全”的问题提供了解决方案。

贾海涛深刻地意识到，中国的水环境问题是水质和水量的双重危机问题。在他的职业生涯中，一直在为我国淡水水质的提升和水资源的再生殚精竭虑。在南水北调工程中，贾海涛牵头负责了南水北调丹江口污水处理工程、无锡环太湖地区水环境治理重点工程、巢湖地区水环境治理重点工程、北京引温济潮跨流域调水工程和云南环滇池流域治理水处理工程等的项目科研及设计工作，其主持的北京引温济潮跨流域调水和云南环滇池流域治理水处理工程获得了优秀工程设计奖。

我国沿海地区面临经济发展快但水资源短缺的问题，贾海涛对此积极践行国家海洋战略，主张从海洋中“借水”，用海水哺育陆地。他负责的董家口海水淡化项目，是我国首座自主研发、设计和建设的大型膜法海淡

▼董家口海水淡化厂

▲高碑店污水处理厂

工程，在业界引起了巨大反响，也为集团在海水淡化领域的市场拓展夯实了技术基础。

除了致力于中国水环境的改善外，贾海涛还时刻担忧着民众的饮用水安全和健康问题。近年来，我国饮用水水源备受微量有机物污染困扰，民众开始对饮用自来水心怀忐忑。贾海涛认为，让民众能够用上好水、喝上好水，是水环境工作者的责任和义务。为此，他积极推进太仓市饮用水项目，承担了太仓水厂设计工作，在我国首次实现使用纳滤膜技术获得高品质饮用水，开创了高品质纳滤饮用水的先河。不仅在业内获得了高度认同，而且被指定为中国土木工程学会水工业分会“2019年给水深度处理研讨会”唯一参观项目。

在积极开展项目建设的同时，贾海涛高度重视技术创新。他认为技术创新既是企业发展的灵魂，也是行业发展的重要推动力。针对我国“水脏”“水少”“饮用水不安全”的问题，贾海涛组织开展了超微滤污水深度净化、膜法海水淡化、纳滤高品质饮用水制备等技术应用的研发工作。他积极参与了多项国家级重点课题的执行和管理工作，持续在本领域技术

▲十堰神定河污水处理厂

难点、焦点发力。为此，他经常身先士卒，亲临一线，指导研发工作。多年来，他不仅产出了累累硕果，申请了多项专利，发表了多篇文章，还获得了教育部科技进步一等奖、中关村经济技术“创新标兵”、海淀区经济技术“创新竞赛标兵”、首届海淀园“创新工匠”等荣誉。贾海涛想公司所想、急公司所急，一项项科研成果成为集团公司发展的内在驱动力，为确立公司在业界的龙头地位提供了保障。

不分昼夜，积极攻关，带领团队为抗击疫情贡献力量

2020年，新冠肺炎疫情暴发初期，武汉整座城市停摆，同时面临着市民用水难、饮水难、污水处理难的重大问题。贾海涛为此甚为担忧，时刻想着能够为抗击疫情做点什么。在公司的重大决策下，贾海涛临危受命，带领团队不舍昼夜，积极攻关，仅用7天时间就解决了武汉方舱医院的废水处理和安全供水问题，并获得了武汉水务集团的高度肯定和诚挚谢意，为抗击疫情贡献了一份力量。

以身作则、岗位练兵，满足员工和企业的双重需求

在为中国水环境事业奔波操劳的同时，贾海涛没有忘记对新一代技术人员的培养。为给公司业务的高质量发展带出一支能打硬仗的高素质技术团队，贾海涛以身作则，在专业能力精进、技术思路拓展、业务管理提升等方面率先示范，提倡岗位练兵，鼓励团队成员在“干中学、学中干”，充分实现了员工的自我增值和技术团队的潜能释放，从而满足员工个人和企业发展的双重需求。

“中华不碧水，吾辈誓不休。”这既是中国城乡碧水源公司的决心，也是贾海涛为水环境事业奋斗的誓言，并始终以实际行动坚守初心，为推动公司及集团业务的高质量发展做出突出贡献。

欧阳卫星

群众

高级工程师

以智慧和力量托起湾区明珠，以担当之举抗击“非常之疫”，他是中交“大城市”战略的先锋者，用高品质、高标准书写着生态、和谐的人民城市建设答卷。

城市综合开发项目品牌的塑造者

中交城投广州南沙明珠湾区横沥工程总承包项目经理部总经理。主导南沙灵山岛尖投资建设和横沥岛尖城综合开发建设工作。在灵山岛尖项目中打造了生态堤、“近零能耗”公交站等一批现代化城市工程，为南沙建设了一座绿色生态、智慧节能的公园城市。在广州南沙的标杆项目横沥岛尖城综开发中，积极探索产业工人管理，推动高标准建设“工人之家”、安全教育培训基地，用品质塑造了中国交建城市综合开发项目品牌。获得2022年中交集团“劳动模范”、2020年广东省抗击新冠肺炎疫情“先进个人”等荣誉称号。

1992年，欧阳卫星来到中交，从一个施工员做起，足迹遍布广东、江苏、福建、浙江等地。30年沧海桑田，他在施工管理、市场拓展、投资经营等领域不断探索，为企业发展奉献着个人价值。

十年施工管理，十年市场拓展，铸就“劳模工匠”底色

和大多数工程建设者一样，欧阳卫星在中交的前10年，是在扎根项目一线中度过的。一步步走来，每次在公司、项目需要他的时候，他都以饱满的姿态应战。2001年，欧阳卫星临危受命，挂帅项目经理，用短短2天时间组建管理团队驰援抢建全长11.5千米的杭甬高速公路拓宽工程。在逐步接手项目后，他带领团队很快扭转了在建设初期履约不顺的局面，改变了业主对中交的认识，进而顺利完成履约，捍卫了中交的品牌信誉。

随着公司规模不断扩大，企业对市场拓展的需求也不断增长。2006年，欧阳卫星来到中交三航局深圳公司，扎根深圳为公司拓宽南方市场。在欧阳卫星分管经营的任期内，公司创造了亮眼的业绩指标，新签合同总额持续增长，刷新了三航局下属三级公司的纪录。在深圳这片改革开放的热土上，欧阳卫星带领团队在市场拓展业务领域再一次书写了属于自己的精彩篇章。

欧阳卫星回忆道，在2011年以前，他与家人聚少离多，给予家庭完整陪伴的时间仅有3年，其他时间都在外地或分公司中度过。有一次孩子来深圳探亲，离开机场的时候，年仅5岁的孩子对父亲依依不舍，赖在机场

▲南沙明珠湾城市综合开发项目——灵山岛尖、横沥岛尖双岛航拍

撕心裂肺地大哭，造成全家错过了航班的起飞时间。

自此，他认识到了父亲的角色在孩子心目中的重要性，也增加了他对家人的愧疚感。然而，在他心中，这些回忆只不过是无数中交建设者“舍小家、顾大家、为国家”的缩影，因为在他踏入行业的时候就已做好了准备，要把青春奉献给企业。

十年投资管理，创新项目管控，建设城综开发样板工程

勇于面对新挑战的欧阳卫星，在最近10年获得了新的机遇，逐步在城市投资管理平台展现着自己的管理智慧。自2014年加入中交城投，启动建设南沙明珠湾城市综合开发项目以来，欧阳卫星坚守“三者定位”，坚持高目标引领、高起点规划、高品质建设、高价值提升，在集团引进世界知名设计公司提供灵山岛尖整体的景观方案基础上，与各方进行多次设计优化讨论，秉持“透人、透风、透景、透绿、透水”理念，打造了生态堤、雨洪公园、艺术栈道、钟楼广场、观潮平台、一桥一景、“近零能耗”公交站等一批媲美国际现代化城市的工程，建设了满足市民对美好生活向往的“公园城市”，为灵山项目实现了较好的投资收益。

据官方统计，2022年“五一”假期进入灵山岛尖的车辆单日最高突破3.3万辆次。灵山岛尖已成为我国南沙乃至广州对外展示的窗口，顺利承办联合国环境署“全球环境展望——世界环境科学家大会”、《财富》全球论坛等全球性会议及国务院国资委“国企开放日”活动。2021年，央视《创新进行时》节目专题拍摄灵山岛尖绿色生态建设成果，于2022年8月播出后取得热烈反响。中交城投在城综开发领域的品牌影响力和社会美誉度不断攀升，为中交集团“向城市进军”做出了应有贡献。

基于政府对横沥岛的定位，欧阳卫星坚持创新项目管控，推行扁平化、信息化、网格化、穿透式管理。

欧阳卫星通过推行合署办公，制定专项管理办法，加强协同管理，打造对外形象统一、对内资源高度集约的总承包管理体系。他坚决实施网格化、穿透式管理，把责任分解到人，建立“纵向到底、横向到边”的网格化管理体系，强化总承包部“统筹、协调、监督、考核”职责，并以网格化为基础，做到绿色施工“6个100%”，使项目成为南沙文明施工和扬尘防控的标杆。

面对横沥岛尖7.29平方千米的开发建设面积，为实现对施工现场安全生产进行动态管控，欧阳卫星积极推动项目安全信息化平台的开发应用，

▼灵山岛尖

▲灵山岛尖新风貌

打通安全生产“最后一公里”，为集团信息化探索提供经验借鉴。

为提升项目建设品质，塑造城综开发品牌，欧阳卫星全力推行“看样定板、样板引路、以点带面”的质量管理模式，设置工序样板展示区、钢筋加工厂，推行首件制。通过推广应用装配式构件、橡胶沥青路面等新工艺、新技术，推动品质再提升，建设生态宜居城市。

彰显央企担当，为南沙经济发展贡献中交力量

欧阳卫星以项目为中心，完善“指挥部+平台公司+各参建单位”工程推进管理机制，取得政府部门和参建各方的配合支持，有效推动项目建设。

随着灵山岛尖开发建设这“第一只螃蟹”的成功实践，越来越多的央企进驻，参与南沙的开发建设。而灵山岛城市空间形态的加快成形吸引了省交通集团智汇晶谷、中金岭南国际贸易中心等多个总部和金融项目进驻，区域价值不断提升。

在横沥项目建设过程中，欧阳卫星带领项目团队积极探索产业工人管理，推动高标准建设“工人之家”、安全教育培训基地，实行实名制、积分制管理，提升工人幸福感、获得感、安全感，为树立中交品牌做出积极贡献。

自2020年新冠肺炎疫情暴发以来，欧阳卫星带领团队全方位做好疫情防控工作，做到防疫复工“两手抓、两手硬”，让项目成为南沙最早一批复工单位，保持“零感染”。项目至今已组织20余批次“蓝马甲”志愿者300余人次，支援广州市南沙区完成大规模核酸检测、人员流调、管控区扫楼等工作，彰显了央企担当。

“有温度、有高度、有风度。”这是项目团队对欧阳卫星的评价，他严于律己、宽厚待人，责任不推、困难不让，有功不居、有过不诿。在最需要他坚守岗位、靠前指挥的时候，他的铁肩总能挑起这份责任，为中交城投和中交集团高质量发展贡献智慧与力量。

坚持高端经营及价值投资思维，引领中交海南市场开发新模式，确保了中交在海南各大建筑央企合同排名第一。

在市场开发中
擦亮劳模底色

胡　东

中共党员

高级工程师

中交海投市场开发部总经理。协同中交集团在琼30余家区域单位深耕海南市场，近3年新签合同额超1200亿元，助力中交在海南各大建筑央企合同排名第一位，连续两年获评中交集团市场开发优质奖。2020年，策划推动总投资163亿元的海南环岛旅游公路项目顺利中标。2021年，与团队一举拿下总投资约115亿元的海南临高金牌港产业园区片区综合开发项目。获得2011年度、2014年度、2017年度“优秀项目经理”，2012年度院“十大杰出青年”，2018年度市场经营贡献奖，2022年中交集团暨中国交建“劳动模范”等荣誉。

胡东不负韶华，把青春、智慧和激情倾注在工作上。

他，总是带头在先、冲锋在前。在中交水规院工作期间，胡东长期扎根市场最前沿，生产和经营同步抓。他负责的“海南环岛旅游公路工程股权投资+施工总承包项目”荣获中交集团2020年度市场开发优质奖、中交海投突出贡献奖；他带领团队锚定全年任务，戴着口罩跑市场，在公司领导的正确带领下，2020年海南区域总部完成新签合同额391亿元；作为项目主要参与人，2021年他与团队一起推动临高金牌港园区项目落地。

引领创新，开创市场新模式

海南自贸港既是政策高地，又是竞争高地，尤其各大建筑央企“群雄

▼海南环岛旅游公路项目

▲海南环岛旅游公路项目

逐鹿”，市场开发异常复杂。

胡东“顺时而动”，摸准市场脉搏，紧贴客户需求，创新思路，科学策划投资模式，带领团队相继落地商业地产、安居工程、基建PPP、生态环保及矿石资源投资项目，累计参与落地项目总投资额超460亿元。更是在海南省环岛旅游公路项目、临高金牌港产业园区片区综合开发项目的开发模式上立起了行业标杆。

海南省环岛旅游公路项目总投资约163.5亿元，作为海南打造国际旅游消费中心的标杆性项目，海南省委主要领导亲自谋划、亲自推动，将其列为海南省1号项目。项目任务急、体量大、资金压力大，胡东在海南省交通领域首创“股权投资+施工总承包”投资建设新模式。经过几个月的策划推动，项目于2020年12月顺利中标，该模式已被海南省作为示范案例进行推广。

临高金牌港产业园区片区综合开发项目总投资约115亿元，是海南省最大的装配式产业园。胡东与其团队一起开创性提出“平台公司+设计施工总承包”管理模式理念，历经5个月策划，于2021年11月成功中标。

胡东坚持将项目开发作为第一要务，深入贯彻落实集团“三重、两大、两优”经营策略，积极创新市场开发思路，搭建高端对接资源，组织各专业团队深耕海南市场。近3年，新签合同额超1200亿元，其中2021年实际完成新签合同额516亿元，确保了中交在海南各大建筑央企合同额排名第一位。

科学统筹，提升区域新形象

胡东作为海南区域总部市场开发部负责人，坚持以市场为龙头，积极参与策划集团、区域总部领导与海南省政府、海南省交通运输厅、海口市委、三亚市委、海南农垦集团高端对接，以及市县主要领导精准对接。坚持打造区域利益共同体，着力强化区域总部引领统筹，加强区域31家单位进行市场交流，建立重大项目参与单位筛选机制和协调机制。2021年实现各层级对接超200次，签订战略合作协议9份，推动一批重大项目成果落地。成功策划组织区域总部交流大会，协助开展中交入琼70载媒体宣传活动，积极维护好与人民日报社、新华社、海南卫视等各大媒体的良好互动关系，进一步提升中交品牌形象，促进市场深度开发。

融合创新，助推党建新发展

胡东兼任中交海投机关第五党支部书记，注重政治理论学习，不断加

▼海南临高金牌港园区开发项目

▲中国石油广东石化炼化一体化项目配套原油工程

强党性修养，积极践行“一岗双责”，认真落实党风廉政建设责任制和实施细则要求。在市场开发过程中，胡东坚持底线思维，宣传中交品牌，注重党建融合创新，与地方政府及区域单位建立常态化党建共建机制。2021年7月，在中交海投党委统一协调下，胡东带领中交海投机关五支部与临高县委在临高角解放公园共同开展以“缅怀革命先烈，牢记历史使命”为主题的党建联建主题党日活动，实现了党建工作和业务工作的同频共振。他谦虚谨慎，乐于施教，特别重视团队的整体打造，在部门推广“传帮带”培养模式，以身作则，甘于奉献；在市场拓展、项目策划阶段给年轻同事全方面锻炼；在日常经营开发中做到“政治站位高、责任担当强、推动工作实、遵纪守法严”，深受领导和员工的一致好评。

范洪涛

中共党员

高级工程师

黄沙戈壁筑天路，岚罗抗疫保生产，人才培养力践行，使命担当促发展，他的真抓实干为公司转型发展持续贡献力量。

在黄沙戈壁筑就天路通途

中南工程局郴筑公司海南中咨泰克交通工程有限公司项目经理。在担任京新高速临白段项目经理期间，带领团队完善施工工艺，调整施工作业时间，克服无水、无电、无信号的恶劣自然环境和不利施工条件，创造了主体工程提前6个月完工的施工速度。2020年初，山东岚罗高速项目开工，带领团队一边抗击疫情、一边保生产，面对临时增加的施工任务和提前通车的巨大压力，加大资源投入力度，使施工产值屡创新高，确保项目顺利通车。获得公司“优秀项目经理”“优秀团队”等荣誉称号。

在海南中咨泰克交通工程有限公司提起范洪涛，员工对他一丝不苟、敢于负责的态度和爱岗敬业、无私奉献的精神有口皆碑。范洪涛政治信念坚定，思想过硬，深入学习和领会习近平新时代中国特色社会主义思想，做中国特色社会主义事业的拥护者和践行者；工作作风扎实，在各个岗位的工作中履职担责，攻坚克难，努力开拓，不断探索解决问题的新思路、新办法，为公司的发展做出了极大贡献。他总是说自己是一名平凡的职工，做着极为普通的事。然而，就是这样一个平凡的人，把一颗赤诚的心熔铸在公司的事业上，他用自己的青春热血和无私奉献赢得了大家的赞颂。

▼岚罗项目

履职担责，攻坚克难

2016年，范洪涛担任京新高速临白段项目经理。该项目是京新高速全线施工难度最大的一段，穿越巴丹吉林沙漠和几百公里无人区，没水、没电、没信号。最近的村镇距离公司所在标段200余公里，茫茫戈壁、寸草不生，沙尘肆虐、遮天蔽日，生活条件非常艰苦。第一次现场踏勘，就让范洪涛领略到了戈壁的艰险——双轮爆胎、燃油殆尽、周边无人烟。几个小时后，在路过的兄弟单位帮助下他才得以脱困。几十公里的行程，足足花了24个小时。面对从未遇到过的恶劣条件，范洪涛带领年轻的团队，根据工程的特点，修订和完善施工工艺，调整作业时间，确保了工程各项指标满足要求。艰苦、恶劣的条件给人加倍的精神压力。初期，大家的情绪都很低沉、易怒，为缓解大家的精神压力，范洪涛和项目领导班子群策群力，制定了多组织集体活动、轮流辅助采购、轮流休假等多种调节措施，保证广大职工的身心健康。条件再苦，生产不能落后，项目部提前筹划，做好劳动力和物资储备工作，确保施工进度按计划执行，在总承包部的月度评比中多次名列前茅。受业主表彰2次，主体工程提前6个月完成，创造

▼岚罗项目

▲临白项目

了施工速度新纪录，得到了业主和总包部的肯定，为公司赢得了良好的声誉。

严格管理、灵活应变

2020年初，新冠肺炎疫情肆虐，岚罗项目开工，范洪涛受命组建项目部进场施工。进场伊始，项目部积极落实防疫政策，落实防疫领导责任，制定防控策略和应急预案，对进场人员严格管理，确保了项目人员“零感染”。施工中面临大量交叉施工和工作面提供不及时的不利局面，范洪涛带领项目领导班子主动调整部署，资源集约投入，控制分包和采购招标时间，控制单价，努力把影响降到最低。项目后期，突遇施工任务增加和提前通车1个月的情况，项目部及时调整方案，加大投入。项目全员服务现场，节约时间、降低成本，每天休息4～5个小时，创造了1个月完成2000余万元产值的公司纪录，确保了通车时间，得到业主的高度赞扬。各项经营指标超计划完成，取得了优异的经营成果。

范洪涛常说："一个项目的成功，从来不是某一个人的成功，而是项目全体职工共同努力的结果。"在走上项目领导岗位以后，范洪涛主动与项目职工交流，把自己总结的成功经验和失败教训讲给他们，以供借鉴。范洪涛了解职工的性格特点、思想动态、工作能力，把他们放在最适合的岗位，最大限度地发挥个体优势，鼓励他们放开手脚，发挥主观能动性，提高工作效率，提高自身素质和能力。在项目上与范洪涛共过事的很多职工已是公司各个岗位上的骨干力量，为公司培养了一批后备人才。平凡的岗位塑造人生，"涛涛"江水涤荡生命，这是范洪涛追求的境界和奋斗的目标。当前，建设市场的激烈竞争仍在持续，中交人肩上的担子依然不轻。面对挑战，范洪涛一定会肩负起使命，继续尽职尽责、开拓创新，用实际行动为公司做出更大的贡献！

最美工匠

一颗匠心，专注而行。他们是行业发展的中流砥柱，他们是中国交建“最美工匠”。

刘建港

中共党员

船舶中级驾驶员

他常年与海为伴，投身国家水运事业二十八载，在港珠澳大桥、深中通道、大连湾海底隧道三项“超级工程”建设中担任沉管安装总船船长，和团队创造了深海沉管安装的“中国速度”。

大国重器海上舵手

中交一航局二公司“津安2”“津安3”总船长。先后在青岛各港区、港珠澳大桥、深中通道等重点工程建设中出运安装沉箱近200个、沉管47节，安装码头吊机100多台。在港珠澳大桥建设中用最短时间掌握了沉管安装全过程，完成了E15管节“两进坞门、三出外海”的极限挑战。在大连湾海底隧道工程建设中，带领船员仅用12个月时间安装了12个管节，创造了新“中国速度”。获得中交集团“劳动模范”、青岛市“劳动模范”、山东省水运系统“齐鲁工匠”、中交一航局第五届“优秀员工”、港珠澳大桥“十大工匠”、港珠澳大桥岛隧工程“建设功臣”等荣誉称号。

自1994年投身于祖国水运事业至今，刘建港传承筑港家风，弘扬工匠精神，从一名年轻水手成长为拥有丰富经验的沉管隧道安装船总船长，也成为唯一参与了港珠澳大桥、深中通道、大连湾海底隧道三项“超级工程”建设的安装船总船长。

风华岁月献筑港

1994年，怀揣梦想，刘建港加入中交一航局二公司筑港队伍。他主动学习，勤思善问，从船舶保养到船舶操纵以及各种紧急情况的应对和处理，他都一一跟老师傅请教学习，一遍不行就两遍，有时甚至学五六遍。

▼“津安2”“津安3”船组

28年的船员生涯，常年与海为伴的刘建港，先后在山东各大港区、杭州湾大桥、港珠澳大桥、深中通道、大连湾海底隧道等10余项重点工程建设中实战磨炼，善于应对和处理各种紧急情况，在汹涌的海上正面抗击台风突风数次，吊运安装水泥套箱386个，出运安装沉箱近200个，安装码头吊机100多台，在海底安装巨型沉管48节，保质保量完成每一项工作，从未发生过安全事故，得到各方面的一致好评。

从水手到船长，从起重船到安装船，刘建港精通多种船舶的操控技能，拥有丰富的大型船舶管理经验，成为公司一线施工船员的优秀代表。

超级工程奏壮歌

2013年，凭着一身“技艺”和担当，刘建港成为我国首个沉管浮运安装专用施工船组“津安2”“津安3”总船长，面对这个世界最大的非自航沉管安装船组，负责海底沉管隧道33节沉管的对接和安装，一切从零出发。8万吨沉管的惯性和威力远超想象，刘建港深知责任重大，他静下心来观察数据变化，带领船上人员在深坞里夜以继日进行了几十次演练，每次在现场一待就是十几个小时，每一根缆绳的方向、受力情况他都牢记于心。巨型沉管从船管连接到绞移出坞，再从浮运到下沉对接，要达到最后毫米级精度，就需要有微米级的耐心和细心。航母般大小的巨型沉管要实现精准下放，下放时要以厘米为速度单位进行，不仅考验指挥者的胆大心细，更考验指挥者的丰富经验和协调指挥能力。沉管下放着床过程被誉为“海底绣花”，“只有弄懂船上每个部件的用途，才能掌好舵”。1年365天，刘建港有320多天都在船上，正是凭借一丝不苟的专注和持之以恒的学习精神，心怀“每一次都是第一次的”的信念，他终于摸索出一套深海沉管安装方法，能在与沉管相距几十米的操控室精准掌控船体及沉管的具体位置，隔水指挥深海对接。

33沉巨型沉管的安装，每个过程和细节刘建港都历历在目，如数家珍。其中，E15沉管安装经历“两进坞门、三出外海”的极限挑战，让刘建港终生难忘。2014年11月12日，港珠澳大桥迎来E15沉管的浮运安装，在历经10多个小时出运后，却遭遇基床异常回淤，无功而返。就在大家重整旗鼓、满怀信心地进行第二次浮运安装时，在浮运途中接到潜水员消息，基床边坡大面积滑塌，潜水员甚至探不到淤积物底。难道又要拖回去？如果再拖回去是不是意味着E15沉管不能安装了，那后续的沉管呢？难道工程要停止？顿时，无数个疑问浮现在刘建港的脑海里。但事实摆在眼前，不能安装就只能再次回拖。看到船员在经历2次挫败后脸上的忧愁，刘建港顾不得低落的心情，作为总船长，他必须做好榜样，在关键时刻站出来，让战友恢复信心。就这样，在经历了156天的排查、演练后，2015年4月12日凌晨，沉管开始绞移出坞，编队、浮运、转向、系泊、沉放一气呵成，直至13日凌晨，最后一次沉放对接完成，在第三次实现了成功安装，奏响了一曲“三战伶仃洋”的壮歌。

作为港珠澳沉管安装团队里有名的硬汉，刘建港能吃苦、敢担当，劈风斩浪、冲锋陷阵不在话下，但就是一个外表如此刚强的山东大汉，也有柔情与委屈。“现在工期紧张，大家都忙得焦头烂额，我不能回去……”就在港珠澳建设的关键时期，刘建港的妻子生病住院，已经坚守阵地178天的刘建港在得知消息后，没有申请回家，而是继续工作，只能在晚上的

▼大连湾海底隧道和光明路延伸工程E11管节安装

▲起重

空闲时间与妻子通电话，了解妻子病情。有时在外海，刘建港只能眼睁睁地看着渐强渐弱的信号干着急。刘建港的妻子手术那天，正好赶上沉管浮运演练，刘建港由于工作太投入，竟然忘记了妻子手术的日子，直到演练结束，看到那一串串未接来电，刘建港才忽然想起。也正是有无数像刘建港一样的建设者的无私奉献，才能历经7年建立起矗立于世界之巅的港珠澳大桥。

桃李丹心写未来

港珠澳大桥建成通车后，刘建港马上投入深中通道和大连湾海底隧道工程的建设中。虽然已积累了多年的经验，但他依然不敢马虎，“我们要做就要做到最好，要学会鸡蛋里挑骨头”。他带领船员精心养护，并与监造组一起参与“津安2”“津安3”北方寒冷天气适应性改造，每一项工作他都是亲力亲为，以确保万无一失。

“我也是从水手干起的，我能理解年轻船员想学技术的心情，所以我就去主动找他们，教他们。”虽有28年的工作经历，刘建港却有着近18年

▲**起重**

的“教学”经验，每当船上调来年轻船员时，他都会主动沟通交流，毫无保留地传授经验，把“传道授业”当成自己的工作职责。在寒冷的大连湾海域，刘建港还为船员开设“学习小灶”。从船机设备、航道条件、气象水文等方面，细致入微地对船员进行针对性的演练和培训，毫无保留地传授经验，上到操纵室，下到机舱，他耐心讲解的身影随处可见。在深中通道及大连湾隧道沉管安装前，刘建港先后组织船员强化培训160余人次，为南、北两个通道齐头并进培养了大量优秀船员，助力大连湾海底隧道12个月安装12节沉管，创造了大型深海沉管安装新的“中国速度”，在跨海通道建设领域展现中交人作为，也用实际行动诠释了“不忘初心，砥砺前行”的奋斗精神。

心怀国之大者，传承中交文化，刘建港用驰而不息的拼搏奉献诠释着“劳模精神”“劳动精神”和“工匠精神”，展现了新时代中交匠人的品格与追求。

乘风破浪，扬帆五洲，在港珠澳大桥锤炼成长的他，将十余载青春投身疏浚事业，以匠心和自强冲破技术封锁，以使命和精诚深耕“一带一路”建设，让中交“旗舰”驰骋海外。

魏永鹏

中共党员
高级政工师、工程师

与“旗舰”驰骋海外市场

中交疏浚广航局海洋公司“浚洋1”轮船长。参与汕头东部经济带吹填造地、港珠澳大桥岛隧工程基槽精挖、科伦坡港口城吹填、肯尼亚KOT油码头疏浚等海内外大型项目建设。会同水手长发明的“一种耙吸式挖泥船耙头耐磨块液压定位器”获得国家实用新型专利。带领的“浚洋1”轮获评“广东省模范职工小家”荣誉称号。先后获得中交疏浚“2021年度卓越员工”、广航局2021年度“广航标兵”、第八届“广航十佳青年”、2018—2019年度“优秀党务工作者”、2017年职工立功奖励个人三等功等荣誉。

为响应国家号召，魏永鹏身先士卒、甘于奉献，积极投身国家重点工程建设。“汕头东部经济带吹填造地、港珠澳大桥岛隧基槽的精挖、香港人工岛吹填、NH远海项目、广州港深水航道拓宽、科伦坡港口城吹填、肯尼亚KOT油码头疏浚、境外201项目，还有一些国家战略性重大工程建设……”魏永鹏对工作14年以来参与过的项目建设如数家珍。

心怀“国之大者”，勇扛使命担当

2015年春节之际，魏永鹏还在“浚海6”轮任职，他主动放弃休假，驾驶“浚海6”轮加入NH远海项目，充分发挥青年突击队队员不怕苦、不怕累的先锋作用，协助技改耙头，克服珊瑚礁施工困难，撸起袖子加油干，努力提高效率，加速工程进度，起到了良好的模范带头作用。2016年10月，港珠澳大桥隧道基槽E31–33管节突淤，他积极参与回淤部分的清淤精挖，获评港珠澳大桥岛隧工程Ⅳ工区项目部2016年度“先进员工”荣誉称号。2020年以来，新冠肺炎疫情肆虐，船舶的“管、用、养、修”也因为与陆地隔绝而成为难题。没有岸基专业人员的支持，魏永鹏率先喊出“我的船我来干”口号，带领团队成员坚守海外。他会同轮机长自力更生攻破“卡脖子”修理技术难题，完成水下电机轴封的专业化自修，“十齿钉耙”等技改。

狠抓安全生产，提升安全环保意识

2019年1月，魏永鹏带领“浚海6”轮自广州港调遣至肯尼亚蒙巴萨港KOT项目施工。为应对PSC检查和海上保安风险，在船舶航行期间，魏永鹏积极组织船干自查自纠，开展防海盗、消防等应急演练，不断强化船员的安全意识，提高应急反应能力。2021年6月，在海外疫情最严重的时期，魏永鹏带领“浚洋1”轮逆行奔赴境外201项目施工，面对疫情、硫化氢中毒、作业面狭窄等困难，制定严密的防护措施，落实管理责任，坚持日常督查巡视，强化船员培训、演练，提升船员技能。

创建基层党建标杆，深化“旗舰”五星级船舶管理

2016年11月，魏永鹏被公司任命为“浚海6”轮党支部书记兼大挖长，业务和技能“双向”进入。在担任基层党支部书记期间，他多次被公司评为“优秀党务工作者”。2020年1月，魏永鹏担任“浚洋1”轮党支部书记兼见习船长，始终以安全、高效、优质地完成各项工作任务为目标，以夯实和提升船舶管理水平为导向，以船舶星级管理为抓手，带动全员攻

▼“浚洋 1”参与广州港航道拓宽工程

▲“浚洋1”参与斯里兰卡港口城陆域吹填

坚克难，以上率下，坚持党建引领促合力，把“浚洋1”轮党支部打造成为“中交集团基层党建标杆”，为“五星船舶”排头兵和“中交旗舰”品牌创建做出突出贡献。

树立主人翁意识，严控船舶成本

“既来之，则安之，我们要能沉下心来在基层工作，在本职岗位上兢兢业业，努力钻研，开拓创新，保质保量地完成工作任务。”工作之余，魏永鹏大力支持组织开展丰富的文娱活动，增强船员的凝聚力，带领“浚洋1”轮获评“广东省模范职工小家”等荣誉。同时，魏永鹏严格把控施工工艺、质量，紧盯船舶油耗，合理规划备件、物料的申请，严控“滴、跑、冒、漏”，积极推进技术攻关和扩大自修，会同轮机长立足海外，自力更生，带领团队攻克“卡脖子”修理技术难题，完成水下电机轴封的专业化修理，节省成本近百万元。

未来的奋斗依旧漫长，魏永鹏将持续以满腔的热情书写“乘风破浪，扬帆五洲”的家国情怀，带领“浚洋1”轮向“海洋强国、一流疏浚船队”目标迈进，不断在世界舞台上擦亮“中交旗舰”金字招牌。

勾常春

中共党员

高级工程师

从业十二载，10000米掘进，3000万元创效，盾构机刀盘的和声就像演奏的交响乐，锤炼成型隧道“零渗漏”绝技，精益求精，追求卓越，他是当之无愧的盾构精英！

实干成就盾构先锋

中交一公局集团隧道局北京东六环改造工程项目机电总工程师、北京市盾构工程协会专家、中交集团专家智库三级专家。2019年，参与当时在建最大、最长的城市地下公路盾构隧道北京东六环改造工程的盾构隧道施工；主持完成当时全国最大直径——16.07米超大直径泥水平衡盾构机的设计选型、组装调试、始发掘进等工作；带领机电团队仅用35天创纪录完成盾构机组装，取得日掘进12环、月掘进265环的佳绩，确保了“国之重器”——“运河号”于2021年8月10日顺利始发。参建的工程获得詹天佑奖1项、省部级优质工程3项。获得“全国交通技术能手”、中国交建“技术能手”等荣誉称号。

从一名普通的技术员到现在的盾构机高级操作工，从“公司岗位技术能手”到“中国交建技术能手”，再到“全国交通技术能手”，勾常春深耕盾构机操作领域12年，主动担当，实干笃行，用坚韧和汗水打通了一条条“地下动脉”，淬炼成大家眼中的“多面手”“盾构先锋”。

十载练就技术能手

从2010年走出校园从事盾构施工至今，勾常春已经在盾构机操作岗位

▼成型隧道

▲管片

上干了十余载。第一次见到盾构机这个庞然大物，遍布着大大小小的、尖锐的机械部件、仪器仪表，相继连接着密密麻麻的电缆、钢管，勾常春新鲜感十足，当即立下决心要把它研究透。从初坐在操作台前的战战兢兢，到初次独立完成动态调试的喜悦，再到每一次盾构贯通时的自豪；从一线技术员到盾构司机，再到机电总工程师，努力和学习让勾常春在盾构机掘进操作、故障排查、设计选型等方面练就了一身硬功夫，多次优质完成盾构机的拆机、掉头、运输、组装、调试等工作，由一名“菜鸟”逐渐成长为技术能手。

作为一名“80后”中坚骨干，他时常思考和钻研岗位知识技能，苦练内功、精益求精，努力提高综合业务水平和能力，不断胜任新的建设任务。在参与北京地铁14号线建设期间，正当盾构机掘进500环左右时，掘进参数突然发生异常，推力扭矩异常增大，盾构机掘进速度只有几毫米。勾常春作为当时的盾构负责人，立马停机分析方案，瞒着家属，冒着高开仓风险，带头钻进了人形仓内检查刀具，准确查出问题。经过30天的日夜奋战，完成了砂卵石地层常压换刀。2021年，国之重器“运河号”盾构机进场组装的时候，正是受新冠肺炎疫情影响最严重的时期，项目的劳务务工人员不能完全到位。勾常春又带领着机电团队在-27℃的严寒中拉起了高压电缆，保证了在35天内完成盾构机组装，创造了大盾构行业的新纪录，也创出了“运河”速度。

作为盾构机的高级操作工，勾常春经常深入地下几十米的隧道内操控100多米的盾构钢铁巨龙。12年来，他以毫米级的精度，累计独自操作掘进超过10000米，取得日掘进12环、月掘进265环的佳绩。他凭借“逢山开路，遇水搭桥”的精神，担当着城市地下空间的“开路先锋”。转战大江南北，他参与了一系列大型施工建设，参建的工程获得詹天佑奖1项、获评省部级优质工程3项，为企业盾构施工做出了卓越贡献。

创新攻克技术难题

多年的盾构施工经验，造就了勾常春执着、严谨、专注的工作态度，也练就了他攻坚克难的钻研精神。2019年，勾常春参与北京东六环改造工程的盾构隧道施工，作为当时在建最大、最长的城市地下公路盾构隧道，是中交一公局集团大盾构战略项目，具有“高、长、大、险、严”的特

▼刀盘下井

▲项目部航拍

点，对技术工艺要求极高。勾常春主持完成了当时全国最大直径16.07米超大直径泥水平衡“运河号”盾构机的设计选型、组装调试、始发掘进等工作；带领团队攻克了北京地区富水砂层超大直径盾构机设计选型难题；首次应用超大直径盾构同步双液注浆技术；自主设计“制—运—注”一体化集成系统，有效解决了双液浆长距离运输“质损、低效、高耗”难题，确保了国之重器“运河号”于2021年8月10日顺利始发。同步双液注浆工艺技术的成功应用，实现了地层沉降2毫米微扰动穿越建筑群，隧道上浮稳定控制在10毫米以内，成型隧道完全达到“零渗漏”标准，完成了他在盾构技术领域的“达人秀”奇迹。

匠心培育盾构先锋

成就一名工匠不容易，成就一群工匠更是难上加难。勾常春就是这个办难事的人，他依托公司盾构维修基地，培养了一支高技能的专业维修技术人才团队，累计带领团队进行盾构机拆装20余台次，盾构机维修30余台次，盾构机配套设备维修100余台次；多次解决盾构机主驱动大修、盾构机扩径及缩径改造等行业技术难题，为企业累计节省成本3000余万元。参建的北京东六环改造工程项目作为中交集团盾构机施工人员的培训基地，他肩负着集团4个大盾构施工项目培养盾构机操作人才的责任。他严格按照“师带徒”制度做好“传帮带”，提升了团队整体盾构机操作能力与水平，带领平均年龄仅26岁的机电团队在中国技能大赛——中交集团第四届职业技能竞赛盾构机操作工比赛中获得团体第一名。至今，他与机电团队成员已为企业和盾构行业培养了维保专业技术人员50余人、盾构机机长10余人、专业维修班组人员100余人，为企业盾构施工做出了突出贡献。

“心心在一艺，其艺必工；心心在一职，其职必举。”在同事眼中，勾常春是知名专家；在业内人士眼里，勾常春是技术精英。他以共产党员不忘初心、牢记使命、勇于担当、甘于奉献的精神实现了一次次创新突破，为打造企业大盾构先锋队奋勇前行。

石　宏

中共党员

高级工程师

他十四载修炼内功，风雨路坚定从容，在高速铁路和跨海桥梁建设中淬炼成为能工“桥”匠，他就是中交人——石宏。

能工“桥”匠

中交路建华东公司温州永宁大桥项目负责人。参建了9座特大跨海、跨江长大桥梁。参与完成的东海沿海地区大型桥梁索塔施工关键技术研究，获得中国交通运输协会科技进步奖三等奖；2021年1月，获得中国交建2020年度品质工程“微创新”优秀成果奖；完成的“一种索塔钢筋工前保护层厚度检测装置”获得中国公路学会铜奖、中国交建二等奖。获得2019年浙江省“两美”立功竞赛二季度“最美项目经理”、2020年江苏省交通工程建设局党组“大干一百天、夺取双胜利”攻坚行动“先进个人”、2021年连续两季度龙潭长江大桥工程建设劳动竞赛“优秀项目管理者”等荣誉。

石宏在项目一线耕耘积淀14年，将勇毅奋进的青春熔铸到路桥建设事业中，以匠心“筑”品质，以奉献“筑”初心，在闪亮的党旗下书写中交“生力军”的先锋形象。

勇于担当的青年人

年纪小、干劲大，是大家对石宏的第一印象。**刚参加工作的石宏在京沪高铁建设工地上负责灌桩作业**。在他负责的工区内桩基施工即将完工之际，暴雪来袭，气温骤降，钻机速度慢了下来，军大衣渐渐冻成了“冰疙瘩”。顶着刺骨寒风，石宏忙前忙后，咬牙坚持了6个小时，硬是完成了最后一根桩基才离开。回到宿舍他才发现，手脚早已冻得没有了知觉。

“这个‘愣头青’身上有一股‘牛劲儿’。”从高速铁路到多项特殊结构大桥，从西部大山到东部沿海，几年下来，大家发现，石宏这种“牛劲儿”历久弥坚，每临重大任务，他总是冲锋在前；无论严寒酷暑，他始终坚守到最后。

在浙江舟岱跨海大桥项目中，面对复杂的海域环境、孤悬海外的施工平台，石宏主动请战：“办法总比困难多，我是党员我先上！”在桩基施工的10个月里，石宏“下平台、回大陆”的次数寥寥可数。多少个繁星月夜，石宏伴着机器的轰鸣声坚守值班，累了就在集装箱里的钢架床上小睡一会，饿了就跟着工人师傅们吃大锅饭。

2019年7月，台风即将登陆浙江，而套箱下放已是箭在弦上不得不

▲江苏龙潭长江大桥效果图

发，石宏果断协调30多艘船舶同步施工，赶到台风到达前1周，将2个1500吨套箱顺利下放并成功完成安装任务。

正是这种“风雨无阻向前进”的奋进姿态，让石宏成为大家眼中“勇于扛重任、敢于挑大梁、善于打硬仗”的青年骨干，从一名技术员迅速成长为独当一面的项目负责人。

精益求精的工程人

石宏对细节的追求几乎可以用“严苛”形容，他用行动诠释了“尽善尽美、精益求精”。在浙江高明跨海大桥的施工过程中，项目部桩基垂直精度达到1/300，远远超过规范要求的1/100，有的桩基精度甚至达到1/500，就连130米的超长桩也只有极小偏位。桥面进入合龙攻坚阶段，石宏带领团队提前半个月观测大气温度，并与历年气象资料、实测钢梁温度反复对比选择合龙时间。他多次召开施工筹备会，反复进行方案预演，不断完善施工组织安排，确保每一个细节万无一失……从重达270多吨的“零号块”开始，石宏将每一次吊装都严格控制在仅有1毫米的误差。这是一项十分考验技术和耐心的工程，仅“零号块”就调整了4天4夜。最终，大桥近乎“零误差”实现了合龙。这些数据的背后是极致的匠心和艰辛的汗水以及建造百年工程的坚定决心。

“针尖大的窟窿透过斗大的风。肉眼看不出来的误差，有些人可能觉得没什么，但暗藏的安全隐患难以想象。作为工程人就要追求分毫不差。”石宏这样说。正是这种对目标的坚定、对细节的坚守，让他带领的团队全链条安全无虞。

而这种“精益求精”的精神影响着团队中的每一个人，大家以实际行动践行“三核、五商”战略部署，凝心聚力筑造出一批精品工程。

乐于创新的追梦人

在特大桥梁建设方面，石宏总有许多奇思妙想。这些“小微创新”，往往能直击痛点、解决难点。

为最大限度降低施工人员的安全风险隐患，有效提高混凝土施工质量和桥塔的耐久性，石宏带领团队翻遍国内外技术资料，跑了无数次现场，经过反复模拟计算，成功研发出宽体智能液压爬模。全封闭、大空间、智能化、一体化的操作平台，不仅极大地提高了施工质量，还降低了施工安

▼浙江温州飞云江跨海特大桥

全风险，同时可以监看施工状态，监测气象变化，助力龙潭跨江大桥项目品质创建，成为行业领先。

项目桩基作业区域地处长江江滩，地质松软且易受到洪水影响。石宏大胆使用钢栈桥平台，采取旋挖钻与回旋钻结合的施工工艺，既降本提效，又有效避免项目施工受2020年长江江苏段特大洪水影响，创造了经济和社会双重效益。以石宏的这一“金点子”为始，项目团队成功申报了20项专利。

打破常规，因地制宜，交替使用回旋钻、旋挖钻，带动桩基施工提速2.5个月，节约成本187.5万元。通过统筹协调人员和机械科学施工、无缝衔接，将基础工期缩短了5个月，为项目节约成本550万元……石宏的创新为项目带来了实实在在的经济效益。

甘于奉献的中交人

为了“一桥飞架南北，天堑变通途”，石宏与家人聚少离多，在艰苦恶劣的环境中独自奋战。没有时间陪伴、照顾家人，他会用一种特殊的方式弥补心中的缺憾：“有时候在海上看夕阳西下或者风景很好的时候，我会情不自禁拿手机拍点小视频和照片发到朋友圈，这样家里人也能看到。”

每一个项目施工节点完成的时候，也是石宏和同事最开心、最自豪的时候——因为这是他们用汗水浇灌的“丰碑”、用智慧凝聚的“结晶”。这种奉献精神，让山水阻隔的人相逢有时，使峰峦闭塞的村民生活便捷，带动了当地经济发展，也打开了群众热切的心门。

在重庆忠万高速项目中，有一条3.6千米的便道。这是石宏为了保护喀斯特地貌、方便群众进出而坚持保留的“连心路”，尽管耽搁了原有计划，增加了工期，但石宏和他所在的项目团队都觉得值得。

用脚步丈量无悔的白昼与黑夜，将初心奉献给祖国的路桥事业，这是石宏笃定的信念。

十四年如一日，逢山开路、遇水架桥，风雨兼程、驰而不息。石宏参

▲浙江温州永宁大桥

与建设9座特大桥梁项目，其中8个项目是跨海、跨江、跨千米级长的大桥梁，6项科研成果获得表彰。踏平坎坷成大道，斗罢艰险又出发。现已转战温州永宁公铁两用桥的石宏，将继续书写不凡担当！

李志杰

中共预备党员
沥青搅拌设备装调高级工

他是一名沥青搅拌设备电气服务工程师，从事路面设备服务十七载，无论是疫情高发地区，还是气候恶劣高原，抑或是极度偏远项目，他都身先士卒，用优质服务擦亮中交金字招牌。

以“第一次”的初心做好每一件事

西筑公司市场服务部电气服务工程师。17年来，安装J系列、SD系列、R系列沥青搅拌设备共计60余台（套），对每一个总成、安调步骤都进行图片与文字记录，提出数百条合理化建议，为产品提升改制提供了详尽资料。编写了《SG4000型搅拌设备电气安调标准化作业指导书》《R4000型搅拌设备电气安调标准化作业指导书》。先后多次获得公司“优秀员工”，2018年首批“西筑工匠”，2019年“优秀师傅”、建厂60年“优秀技能工作者”“十大杰出青年”，2020年企业“劳动模范”，2022年中交集团暨中国交建“劳动模范”等荣誉称号。

薛兆丰说："每个人都是在为自己的简历打工。"从2005年7月进入西筑参加工作开始，李志杰就为自己填写了一份扎实的简历。实习期在搅拌部冷作车间四组，师从周宏波学习干燥筒的制作技术，半年后又进入七组，师从赵永明学习热料仓制作工艺。两位师傅的细心教导、耐心讲解使其进步飞快。只见过模型没有见过全套沥青搅拌设备的他，一直憧憬着沥青搅拌站装起来的样子。2006年，李志杰被分配到搅拌部自控车间，开始从事搅拌设备控制室的制作和安调工作。17年间，他有过无数次人生当中的"第一次"。

第一次出差

2006年7月1日，李志杰第一次出差。青海海南州温泉镇海拔4000多米的山头上，他见到了憧憬无数次的整装搅拌设备。那是一套巍然屹立，几乎与蓝天融为一体的J2000型搅拌设备。师傅张卫和郭守稳如数家珍，将设备总成逐一向他介绍，他详细记录下每个细节及数据。在这段实践学习的日子里，他下定决心："经手的工作，要么不做；要做，就做出样子，做出成绩。"

第一次自主安装和调试搅拌设备

2007年4月，在陕西省西安市鄠邑区涝峪口镇，李志杰第一次自主安

▲JD2000型沥青搅拌设备

装和调试搅拌设备，那是当时的J4000型产品。李志杰仍然记得准备去的时候内心的忐忑和不自信，当时的领导赵飞和钱海彪鼓励他，给了他自信。他们说："以你在这半年多的表现，我们相信你有这个能力，只要你细心，一定能装好这套设备，如果有什么不懂的，就及时打电话。"于是李志杰当天就走了。在安装和调试期间，李志杰白天干活，晚上给各位师傅打电话询问技术要点，查资料、记笔记。现场工期紧张，白天如果调试不好，用户第二天就要生产，那就晚上调，最后是师傅张卫全程电话指导调试才完成。70多个日日夜夜里，李志杰学会了太多的东西，这里是他成长最快的一个地方。

第一次出国

2007年10月，李志杰单独前往中铁三局埃塞俄比亚为J2000型服务。当时设备出不了料，用户着急上火。李志杰仍然记得在到达以后，还是23岁小伙子的他，可能是因为年龄小，个子也矮，用户的一位领导半开玩笑地问他：“你们没有其他人了吗？怎么就派个小孩来，能不能搞好啊？”他当时脸就红了，火辣辣的，回答道：“领导啊，这么远的路，公司能派我来，就证明我有这个能力，您信任我们公司，就应该信任我。是骡子还是马，咱拉出来遛遛呗！”然后就去了设备上，这是一套老设备，刚刚经历了长达4个月的雨季，经过他系统地检查，更换新的配件，不合适的地方重新进行调试，整整2天的维修，设备正常生产了。在之后的3个月里，从来没有因为设备原因耽误生产。在最后半个月的一天，那位领导找到了李志杰，对西筑的设备给予了极大的肯定，也对他的工作能力和工作态度给予了极大的认可，并表示他收回首次见面时说的话，同时希望他能在项目上干1年，于是又和西筑公司联系续签了1年的服务合同。这是李志杰第一次被质疑后又被完全认可的经历，也是仅有的一次。

第一次带徒弟

2010年，李志杰和新员工张财财结缔师徒之缘。首次带徒，李志杰就突破传统的带徒观念，倾尽全部，用心待徒。他们既是师徒更是朋友，工

▼西筑公司Q5000快搬式沥青搅拌设备

作学习时无话不说，空余时间相互交流，针对设备上的问题共同探讨。在学习、积极上进的氛围里，张财财成长很快，迅速成为技能过硬、素养较高的服务人员。

迄今为止，李志杰已有10余年的带徒经验，带出了多个综合素质较高、能独立带队的安调人员。

第一次录制视频讲课

2020年，新冠肺炎疫情突然来到人们的生活中，在家看世界成了主流社交，快手、抖音等短视频迅速崛起。作为一名没有镜头经验的人，要开始抖音直播及课程录制，对李志杰来说是一项新的巨大挑战，只有亲身体会一次，才能真真切切地感受到，上好一堂课并非想象的那么简单。要成为一个好老师，从知识的条理性到语言的表达，从内容的层次性到仪容仪表，甚至每一个微笑、每一句评价都得充分注意。对于自己录制的云课堂视频，李志杰在录制时全情投入，录制结束后反复观看找问题，找同事要评价，虽然距离一名成功的课程主播老师还有一定的距离，但是他相信只要用心，总有收获。

17年的时间，李志杰从一个刚出“象牙塔”的学生成长为一名优秀的服务人，从一名普通员工到西筑工匠、公司劳动模范、中交劳动模范，其间每一步的积累、每一次的蜕变，都离不开他对每一个第一次的珍视，就像一个人的一生一样：第一次出差使他感受到了前辈工作一丝不苟的状态，找到了自己职业发展的方向；第一次自主安装调试是他独立成长最快的时期：第一次出国使他明白除了技术过硬以外，还必须态度良好，为用户及时有效解决问题，服务是一项心与心的交流；第一次带徒弟，让他明白授人玫瑰，手有余香；第一次录制视频讲课，让他明白通过新媒体，一个人的服务边界也可以扩展很大。

谢　杰

中共党员

助理工程师

他12年工作在盾构生产制造第一线，参与超过300台盾构的制造，秉持一颗制造强国的心，用青春与智慧展现中交人的责任和担当。

打造“最强”国产盾构机

中交天和机加工中心总经理。参与完成300多台盾构生产任务，具有丰富的盾构设备制造管理经验。2019年，带领团队完成中国首台采用自主技术和多项国产核心部件设计制造的超大直径盾构机“振兴号”的制造和总装任务。2020年，带领团队不惧新冠肺炎疫情影响，仅用时7个月就高质量完成“运河号”工厂下线任务。2021年，带领团队有效解决了超大型轴承箱体加工难题，成功加工了直径6～8米轴承配套超大型驱动部轴承箱体4台，仅一年就节省委外加工费用近200万元。获得2014年中交天和“优秀员工”“优秀共产党员”，2019年中交天和“优秀共产党员”，2022年中交集团暨中国交建“劳动模范”等荣誉称号。

多年来，谢杰一直坚持在盾构生产制造第一线。从项目计划员成长为项目主管、车间主任助理、部门副经理，现在他担任中交天和机加工中心总经理一职。从懵懂少年到项目负责人，从对结构件下料、冷加工、电焊等基础工作的摸索，到对接设计、跟进采购、组织协调各部门配套生产。在一线摸爬滚打的10余年，他参与的盾构生产项目超过300台，主持生产的盾构涵盖公司产品各个类型，练就了丰富的盾构设备制造管理经验。

▼孟加拉国卡纳普里河底隧道工程超大直径盾构机

▲印尼亚万高铁项目用超大直径盾构机刀盘组装中

拥有良好的职业素养　快速的学习能力

2011年，刚毕业的谢杰成为中交天和制造部的一名项目计划员。初出茅庐的他，参与了公司正在研制的首台超大直径盾构机“天和号”。虽然对盾构机的制作一窍不通，但他从结构件下料、冷加工、电焊等制作工序开始，通过翻阅资料、请教同事，反复学习消化，再将积累的知识、经验运用到自己的工作中，逐步摸索。他与团队历经14个月，分解整理超过7000份设计图纸。通过对10万多个零部件的摸索，5层楼高的“天和号”终于从图纸变成实物，顺利从工厂下线。“那时候我觉得，年轻就需要不断历练，找出自己的差距，锻炼提升自己。”

拥有超强的协作意识　敏锐的思考能力

在平凡的工作岗位上，他始终如一，脚踏实地，攻克一个个生产难关。踏实、严谨、负责的工作态度使他变成一个善于学习、总结、思考的人。他会在一项工作完成后不断总结、复盘，对于别人的成功经验进行有益借鉴，加以转化和创新。2015年，因为工作能力突出，公司调任谢杰为加工车间主任助理，协助加工车间的生产管理。加工车间工序多，生产任务繁重，车间员工奔着同一个目标齐心协力非常关键。在新的岗位上，谢杰注重与部门领导、同事的沟通和协调，对工作方向、工作难点和重要环节提前把握，增强工作效果。从梳理车间工序和工作任务流程开始，强化生产班组的工单意识、闭合意识、配合默契度，使加工车间全员生产效率稳步提升。

拥有超强的适应能力　优秀的执行能力

2017年，公司业务快速发展。谢杰被调任计划协调中心副经理，负责组织盾构生产项目的计划、实施。面对暴增的生产订单，谢杰组织人员以工序工期需求为重点，编制厂区生产作业计划、原材料采购计划、外协计划和标准件计划，合理协调生产，在制度及规则制定与执行和落实上下苦功，真正做到按计划安排生产，计划完成率达到95%以上。孟加拉国卡纳普里河底隧道、印度尼西亚雅万高铁、成都地铁十七号线等一批重大盾构

▼运河号盾构机在工厂组装完成

项目的按期完工，得到了用户的高度肯定。2019年，谢杰带领生产团队完成了南京和燕路过江通道盾构机“振兴号”的制造和总装任务，产品质量全部达到了设计要求。该设备标志着公司完全掌握了超大直径盾构的制造技术，在技术和产品品质上具备了与国际知名品牌同台竞技的水平。2020年，北京东六环改造工程使用的超大直径盾构机“运河号”的生产制造正在全力准备阶段，但突如其来的新冠肺炎疫情对车间生产产生了巨大影响，原材料、生产辅料、采购件无法到位，人员不能及时复岗等问题影响着项目的推进。经过短暂的忙乱后，谢杰积极组织相关部门加强合作，研究讨论生产方案，分节点克服困难，采用同步推进，能干先干的方式，逐项消除影响，仅用时7个月便保质保量完成了工厂下线的节点目标，以中国制造的速度为北京东六环工程的顺利实施奠定了基础。

2021年，谢杰自履职机加工中心总经理以来，总结继承前任的经验，改进生产方式，鼓励技术革新，不断提高部门生产效率。为降低成本投入，他琢磨起对现有加工设备进行改造升级，通过给车间现有镗床增加专用工装，成功加工直径6～8米轴承配套超大型驱动部轴承箱体4台，解决了超大型轴承箱体加工设备问题，仅1年就节省费用近200万元。

谢杰始终有颗执着的心，始终坚持与自己较真，对每一个工作细节都保持认真负责的态度。12年时光匆匆而过，谢杰用青春、汗水与智慧在平凡的岗位上做着一件件不平凡的事情！用最朴实的行动展现了中交装备制造人的责任和担当。他说，十年青春，以梦为马，他将始终奋斗在制造强国的路上。

赵顺林

中共党员

中级政工师

他踏实笃行练就运营管理“一身本领”，他是实干争先用业绩说话的管理者，他是忠诚担当一身正气的苗族汉子，他是平凡岗位上服务美好出行的守护人。他用爱岗敬业践行“80后”共产党员的初心与担当，带领广大青年挥洒青春汗水，擦亮“中交高速”在贵州的服务品牌。

忠诚担当添彩“中交高速”最美底色

中交资管贵州区域管理总部总经理助理、贵都高速管理中心主任。牵头编制30余项管理制度，每年节约成本上百万元；积极开展专项稽核、涉路补偿、节能改造等工作，累计增收创效约500万元；面对路网加密和新冠肺炎疫情影响，通过实施引车上路、堵漏增收、衍生业务开发等举措服务通行车辆1400多万辆，保障运营高速安全畅通。带领团队先后获得“全国五一巾帼标兵岗”“第20届全国青年文明号”“中央企业五四红旗团支部”，贵州省“青年文明号”“优秀收费站”“示范收费站”等荣誉。获得中交路桥建设有限公司“优秀团干部”“优秀共产党员”，中交资产管理有限公司“十大优秀青年”“优秀党务工作者”“先进个人”等荣誉称号。

2011年3月，中国交建在贵州省建造的第一条BOT+EPC模式运营高速公路——贵都高速运营通车。在高速公路从专业化、标准化管理向投建营一体化战略跨越发展的背后，凝聚着无数“中交高速”劳动者的智慧与付出，赵顺林就是其中一员。“说一千道一万，两横一竖是关键”是他的座右铭。在贵都高速运营一线不同岗位工作十余载，他用优异的业绩交出了一份满意的答卷。他忠诚、实干、敬业、担当的品格，已然成为中交高速“最美劳动者”的标签。

一线磨砺始得“玉成”

在“地无三尺平”的贵州省，中交集团率先投身到西部大开发国家战略中，作为“第一个吃螃蟹的人”，2007年在黔建设第一条BOT+EPC模式运营高速公路——贵都高速的通车，拉近了省会（贵阳市）与黔南布依族苗族自治州首府（都匀市）的距离。这条“小康路”“连心路”“团结路”，也让中交集团央企责任担当的形象映入了人们的心坎。

2010年，在贵都高速筹备运营期间，25岁的苗族汉子赵顺林，从贵州大学毕业后毅然将简历投向了贵都公司，作为大学本科毕业生的他选择了一线收费员岗位，这让亲戚、朋友很费解。在后来的聊天中他说道：“当时满腔青春抱负，到我们中交贵都高速不仅是择业谋生，内心深处还有那一份感恩。我是土生土长的贵州人，深知高速公路通车对山区经济发展的重要性！再说，我作为一名从学校走出的共产党员，也不能怕苦怕累，就

▲贵都高速底至高架桥实景图

应该从基层岗位做起。如果没有那时的历练，我也不会成长这么快。”

他在收费一线，在收发卡、通行费征收、机电设备维护、运营数据统计分析等方面苦练内功，他的出色表现也赢得了公司的认可，先后荣获贵都公司“优秀团干部”“优秀共产党员”“优秀员工”称号，并在2013年1月当选为贵都公司团总支书记。当问及他最难忘的收费员经历是什么时，他说：“贵都高速通车那天，第一张卡从我手中发出，第一辆车从车道驶入，别提多激动了！”

唯其艰难方显“勇毅”

2019年，国务院决定取消高速公路省界收费站，让人民群众期盼的“全国高速一张网，一脚油门踩到底”得以实现。作为贵都高速专项工作组成员，面对工期紧、任务重，战线长、作业面多，边通车、边施工等诸多困难，赵顺林积极参与ETC门架安装工程、ETC卡发行、实车测试等专项工作。

贵州“天无三日晴”的天气特点，经常刚刚还是晴空万里，瞬间就暴雨倾盆，时常是大伙干得正起劲，一盆冷水就浇了下来，躲都没处躲。一天午饭时，大家都蹲在路肩外吃饭，忽然一阵大雨袭来，赵顺林手中的泡面桶被灌得满满当当。同事打趣地说：“这下好了吧？不说味淡了吧？”赵顺林把泡面搂在怀里，傻笑着说：“还是我有口福。”正因为有赵顺林和队员们的昼夜奋战，才实现了贵州省取消高速公路省界收费站ETC门架首套工程于2019年7月30日在贵都高速顺利完成安装。这标志着贵州省取消高速公路省界收费站进入实质性建设阶段。在贵州，至今还流传着“ETC门架建设哪家强，中交高速有强匠”的说法。

能力越强，责任越大。赵顺林的工作岗位、工作内容、工作职责虽在改变，但是他兢兢业业的工作作风和一名共产党员的初心使命不变。

赵顺林在担任贵都高速管理中心主任后，带领贵都高速管理中心党支部建立实施“二三四”创建工程（建好2块示范阵地、培树3个标杆窗口、实施4项强基举措），通过党建融合落“实”处、党建工作务“实”事、结对共建创“实”效，高质量打造党建窗口标杆，在各收费站建设了“中

▼贵都高速实景图

▲贵州清水河大桥

交蓝·党旗红”党团示范岗。

“道虽迩，不行不至；事虽小，不为不成”，这个永恒的道理，在赵顺林身上体现得淋漓尽致。十余年如一日，扎根在中交集团高速公路运营的最前线，赵顺林用笃行实干书写着对中交事业的青春答卷，他用忠诚担当擦亮着“中交高速”在贵州的服务品牌。